Michel Chevalier

L'Europe
et la Chine

essai

ISBN : 978-1533634474

10 9 8 7 6 5 4 3 2 1

Michel Chevalier

L'Europe
et la Chine

essai

Table de Matières

Partie I

Comparaison de la civilisation européenne avec la civilisation chinoise

Au bout de l'Orient est un empire qui n'a pas son pareil au monde, sous le rapport de la population, car à lui seul il renferme trois cent soixante millions d'hommes. C'est au moins cent millions en sus de l'Europe entière, c'est plus du tiers des habitants de la planète. Sous le rapport de la richesse créée par le travail de l'homme, il paraît non moins remarquable. Policé longtemps avant l'Europe, il est encore pour elle une terre inconnue ; jusqu'à présent il lui a été hermétiquement fermé. Jusqu'à ce jour aussi, quelque guerroyante que soit l'humeur européenne, on l'avait laissé en paix. Il était trop loin pour tenter l'ambition conquérante de nos nations occidentales. Notre esprit d'aventure se contentait de quelques échanges opérés par le seul port de Canton. Aujourd'hui, cependant, un grand changement semble se préparer. Le commerce, qui, le plus souvent, sert de lien pacifique entre les peuples, a amené une collision grave entre la Grande-Bretagne et les autorités de ce vaste et populeux empire. Les distances ont tellement été amoindries par les progrès de la science et des arts et par les empiétements successifs de l'Europe sur l'Asie, qu'une expédition contre la Chine, dont l'idée eût été traitée de folie il y a un demi-siècle, a été organisée par le gouvernement anglais comme une entreprise toute simple, tout élémentaire. Elle est en route, et probablement à l'œuvre maintenant. Qu'en adviendra-t-il ? Il serait téméraire d'essayer de le prévoir avec quelque précision. Mais il n'y a pas de témérité à dire que cet acte d'un peuple aussi envahissant, aussi fort et aussi habile à conserver ce qu'il a pris que l'est le peuple anglais, est un évènement considérable, et l'on est en droit de le regarder comme le prélude d'une ère nouvelle dans les relations de la Chine avec l'Europe.

On a beaucoup discuté sur les mérites comparatifs des populations chinoises et de celles de l'Europe. Naturellement, avec cette modestie qui nous distingue, nous nous sommes adjugé l'avantage. Je ne prétends pas que ce soit à tort. Le procès, cependant, n'est pas jugé, sans appel. Les Chinois sont de beaucoup en retard sur nous

Michel Chevalier

dans le domaine des sciences et des beaux-arts, et non moins dans celui des arts utiles. Ils avaient devancé l'Europe pour toutes les inventions les plus précieuses, telles que l'imprimerie, la poudre à canon, la boussole, et, dans un ordre moins relevé, le sondage ; mais ils n'en ont tiré parti qu'à moitié, parce qu'ils paraissent dépourvus de cet esprit infatigable de perfectionnement qui caractérise l'Europe, et il a fallu que leurs découvertes fussent transplantées chez nous pour porter tous leurs fruits. Leur industrie est particulièrement arriérée en ce qu'ils n'ont pas su se créer aussi bien que nous, dans le monde matériel, des organes supplémentaires de ceux dont la nature a formé le corps humain. Leurs machines et leurs bêtes de somme sont peu nombreuses et peu perfectionnées. Chez eux, les muscles de l'homme doivent subvenir à tout labeur, fréquemment même au transport à grandes distances des objets les plus lourds. Ils manquent de cette faculté dominatrice qui nous a permis de ployer à notre usage et de faire travailler pour nous, sur la plus grande échelle, les éléments et les animaux, et de remodeler, pour ainsi dire, le globe terrestre, afin que nos voies de communication pussent s'y développer plus à l'aise. Il y a peut-être plus de machines et autant de grandes routes en chaussée et de canaux de navigation dans cette toute petite île qui se qualifie de Grande-Bretagne, que dans tout l'empire chinois. Il s'y fabrique et s'y consomme plus de fer.

Sous le point de vue religieux, on ne peut guère signaler, comme une preuve de l'infériorité de la Chine, le fétichisme idolâtre des sectateurs de Fo, car l'Europe catholique en offre le pendant par les superstitions et les pratiques des basses classes demeurées croyantes, par leur dévotion aux reliques, et par leur foi aux miracles journaliers des saints. A l'égard des rapports de l'homme avec la Divinité, les classes éclairées sont en Chine à peu près au même point que dans notre Occident : elles professent un déisme d'une charité extrêmement étendue ; je dirais universelle, si, par une omission que nous n'avons pas le droit de leur reprocher, tout énorme qu'elle est, puisque, relativement à eux, nous avons le même péché sur la conscience, les lettrés chinois n'avaient oublié de compter les populations nombreuses et puissantes de notre civilisation occidentale.[1]

---

1 Voici un rapprochement remarquable que je trouve dans une note de la relation

Du point de vue moral, en ce qui concerne les rapports de l'homme avec l'homme, les Chinois sont, dans la forme au moins, plus avancés que nous, car ils sont plus bienveillants. Les rixes et les emportements sont peu communs parmi eux. Ils ont cherché et trouvé dans le cérémonial un excellent procédé pour refouler les instincts grossiers, violents ou hautains. En général, le Chinois, s'il sait moins maîtriser la nature physique, sait mieux se maîtriser lui-même. Domination pour domination, l'une assurément vaut l'autre. Moralement, cependant, la Chine présente une imperfection énorme. La polygamie y subsiste, ou plutôt le concubinage y est admis et beaucoup pratiqué par les riches, qui, à côté de leur Sara, ont très souvent une Agar. La femme n'y est pas tout-à-fait la compagne de l'homme ; elle est plutôt l'instrument de ses plaisirs. Plus généralement, chose bizarre, dans les classes cultivées que chez le vulgaire, elle porte sur son corps l'empreinte, la *marque* de la servitude. Elle est estropiée.[1] Cet usage barbare de la mutilation des pieds, dont les dames chinoises se font maintenant un point d'honneur, et que les classes pauvres imitent, autant qu'elles le peuvent, par vanité et par coquetterie, est évidemment un reste de l'asservissement brutal qui a pesé sur la femme comme sur tous les êtres faibles, au début de toute civilisation. C'est l'oppression jalouse du maître sur l'esclave. C'est une précaution semblable à celle du chat-huant de La Fontaine à l'égard de ses souris :

Les premières qu'il prit du logis échappées,

de l'ambassade de lord Macartney en Chine, par sir George Staunton : « .....Leur religion (des Chinois), celle que leur gouvernement conserve encore, est la religion que le grand Newton appelle la plus ancienne de la terre, et qu'il peint d'une manière si noble et si touchante : — « Croire fermement que Dieu a créé le monde par son pouvoir et le gouverne par sa providence ; craindre pieusement, chérir, adorer cet être suprême ; respecter ceux dont on tient la vie et les personnes avancées en âge ; avoir une affection fraternelle pour tous les hommes, et même de la sensibilité, de la pitié pour la partie brute de la création. » (*Traduction de M. J. Castera*, 1804, tome I, p. 22.)

1 On peut faire remarquer, comme une circonstance atténuante en faveur des Chinois, que cette mode entraîne comme conséquence l'exemption, pour la femme, de tout travail pénible, forme d'affranchissement que la femme est encore à attendre en Europe et dans tout l'Occident, particulièrement en dehors du territoire occupé par la race anglaise.
Il est digne d'attention que les Tartares conquérans de la Chine, qui ont adopté toutes les coutumes des Chinois, se sont refusés à suivre cette mode de la mutilation des pieds.

Michel Chevalier

Pour y remédier le drôle estropia

Tout ce qu'il prit ensuite, et leurs jambes coupées

Firent qu'il les mangeait à sa commodité.

Mais, politiquement et socialement, la Chine peut invoquer de beaux titres à la supériorité. Les Chinois ont résolu des problèmes bien difficiles. Ils ont réussi à faire vivre sous une même loi, pendant une suite indéfinie de siècles, des myriades de myriades d'hommes. Chez nous, on a vu échouer, l'une après l'autre, toutes les tentatives ayant pour but de fonder l'unité européenne (par nous qualifiée, avec notre modestie accoutumée, d'empire universel), qui, toute vanité nationale à part, serait plus favorable au bonheur des populations, que le morcellement entre des gouvernements ennemis ou seulement rivaux. Elles n'ont même jamais été hautement avouées depuis les Romains, car Charlemagne, Charles-Quint et Napoléon aspiraient à la suprématie dans un conseil de rois et non à trôner seuls. Les Chinois ont érigé un empire qui dure sans interruption depuis l'origine des temps historiques, qui durerait peut-être éternellement, si la vapeur, secondant notre soif de conquêtes, ne le mettait actuellement à notre portée ; les conditions de l'équilibre y sont si admirablement remplies, que rien n'a pu le renverser, et que les invasions et les conquêtes qui, à plusieurs reprises, dans notre Occident, 'ont tout balayé et ont entassé ruines sur ruines, au lieu de l'abattre ou de l'ébranler, l'ont consolidé, raffermi, étendu.

C'est que l'organisation sociale et politique de la Chine est fondée sur une notion plus exacte et plus complète de la nature humaine que ne l'a été dans le passé, et que ne l'est dans les temps modernes celle d'aucune des parties de notre Occident.

Dans un ouvrage récent et trop peu remarqué,[1] par l'unique motif que l'auteur avait *des yeux de province*, un écrivain toulousain, M. L. Brothier, par une analyse que j'oserai dire supérieure à celle de Montesquieu, distingue dans la société trois éléments primordiaux : les intérêts individuels, les intérêts de famille, les intérêts généraux, et part de là pour tracer un plan de gouvernement. Cette classification prise pour base de la destination, de la combinaison et de la répartition des pouvoirs, est, je ne crains pas de le répéter,

1 *Du Parti Social.*

plus profonde et plus vraie que la double trinité monarchique, aristocratique et démocratique, ou exécutive, législative et judiciaire de l'illustre théoricien de la Brède.

Cela posé, le gouvernement doit reproduire fidèlement l'image de tous les grands élémens de la société. Tous les grands principes sur lesquels la société repose doivent avoir au sein du gouvernement une institution qui en soit l'incarnation et la figure ; autrement le titre de gouvernement représentatif serait une enseigne menteuse, et tout gouvernement doit être représentatif (je ne dis pas parlementaire), sous peine de périr. Les pouvoirs publics doivent-ils, peuvent-ils être autre chose que la personnification des forces sociales ? Or, chez nous, je parle en Européen, les publicistes modernes, dans leurs conceptions politiques, font abstraction pure et simple de la famille, comme si le sentiment de famille n'était pas l'un des liens sociaux les plus forts, comme s'il n'était pas l'un des plus puissans ressorts de la société. Faut-il s'étonner de ce que leurs œuvres sont si périssables, de ce que nous changions de constitution à peu près comme un fashionable de cheval, et de ce que la vie moyenne des dynasties est maintenant en France du tiers ou du quart de la vie moyenne de l'homme, dans les classes où la misère et la souffrance l'abrègent le plus, nous qui, en quatorze siècles, n'avions eu que trois dynasties ?

Toute constitution politique qui ne tient pas compte de l'esprit de famille, qui ne lui fait pas une place suffisante, est radicalement incapable de rien constituer, exactement comme si elle faisait abstraction des intérêts individuels, ou comme si elle passait sous silence les intérêts collectifs de l'état. Négligeant une force de premier ordre, celle qui produit la stabilité, par cela seul elle manque de stabilité elle-même. Elle est bâtie sur le sable mouvant des révolutions, ou suspendue en l'air dans l'atmosphère agitée des orages populaires. Malheureusement, dans notre Occident, le principe de la famille se présente comme incompatible avec un autre principe non moins sacré désormais, cher à l'intérêt individuel dont il est le palladium, et auquel le droit de cité est irrévocablement acquis, celui de l'égalité, consécration de l'unité nationale sans distinction de races et d'origine, de vainqueurs et de vaincus, de conquérans et de conquis ou de vassaux. Le principe d'égalité s'étant heureusement fait jour depuis un demi-

Michel Chevalier

siècle dans le monde politique, malgré l'opposition des héritiers de la conquête et des légataires de la féodalité, nous n'avons su lui faire sa part. qu'en rognant de plus en plus celle du principe de famille, dont ceux-ci se réclamaient, et qu'en nous appliquant à déraciner le sentiment de famille de la vie publique et même de la vie privée. Nous avons ainsi admirablement réussi à mettre à néant les prétentions des féodaux ; mais, contre notre intention, nous avons désorganisé la société. Sur ce point, d'ailleurs, les défenseurs de la famille n'ont aucun reproche à adresser aux amis de l'égalité (je parle de l'égalité véritable, et non du nivellement, que trop de gens encore, et même des esprits distingués, des libéraux, confondent avec elle, quoique ce soit l'inégalité la plus tyrannique et la plus monstrueuse). Les uns et les autres se trouvent fatalement d'accord sur ce point, que les deux principes se repoussent et s'excluent. C'est une opinion reçue, qui semble indélébile dans nos cervelles c'est devenu un article de foi qu'on ne conteste plus. On est pour l'égalité ou pour la consécration, politique du sentiment de la famille, on n'est pas pour les deux à la fois ; et, comme la société ne saurait à l'avenir se passer de l'égalité non plus que de la famille, il résulte de ces prétentions exclusives une bascule interminable, une suite de combats sans issue. Nous tournons dans un cercle vicieux, allant de Charybde en Scylla et de Scylla en Charybde, chassés d'anarchie en absolutisme et d'absolutisme en anarchie, de révolution en révolution. On dirait que cette idée de l'incompatibilité absolue de l'esprit de famille et de l'égalité a été jetée par un génie malfaisant au milieu des Occidentaux, comme une semence d'éternelle discorde, afin qu'ils s'entredétruisent ; et on serait tenté de croire qu'elle atteindra ce but infernal, si i'on ne songeait que cette croyance est une nouvelle venue sur la terre, qu'elle ne date que d'un demi-siècle, et que, accréditée seulement à la faveur des passions d'une lutte terrible, elle doit, si ces passions s'apaisent, se réformer par degrés, et disparaître de même que se sont évanouis tant d'autres préjugés considérés dans leur temps comme des panacées suprêmes ou comme d'incurables maladies de l'esprit humain.

Les Chinois, au contraire, ont su concilier les deux principes, non par une transaction bâtarde et boiteuse, mais par une conciliation parfaite ; et, fait curieux, qui montre à quel point leur nature et leur histoire diffèrent de la nôtre, cette conciliation a eu lieu naturellement, sans combats, sans efforts.

Le principe d'égalité est installé chez eux sans réserve. Leur constitution ne reconnaît d'autre titre que le mérite personnel, et elle met tout en œuvre pour que le mérite surgisse et prenne son rang dans l'état. Tout y est au plus digne, tout, à l'exception de la couronne ; encore n'est-ce pas la loi de primogéniture qui règle l'ordre de succession : l'empereur choisit parmi ses fils celui qui doit le remplacer. C'est l'organisation démocratique la plus réelle qu'il y ait sur la terre. Avec un peu de bonne volonté, on pourrait dire qu'elle est la seule dont la valeur ait été parfaitement constatée et sanctionnée par l'expérience ; car les anciennes démocraties occidentales n'ont été, à vrai dire, que des oligarchies ou des aristocraties. Les opinions qui se propagent aujourd'hui chez nous sous le nom de démocratiques sont des idées non d'égalité, mais de nivellement odieux et de promiscuité brutale, non populaires, mais populacières. Et la démocratie américaine, à qui l'on peut à bon droit adresser ces reproches de promiscuité et de populacerie, n'est encore qu'à l'état d'essai ; ce serait un jugement précipité que de lui décerner dès à présent les honneurs dus à un système établi, solidement assis, ayant pignon sur rue. Elle a clos à peine son premier demi-siècle, et déjà elle a cessé d'offrir, dans le jeu de ses mécanismes, cette régularité simple et majestueuse qui la rendait l'envie des nations de l'Europe et l'effroi des têtes couronnées.

De même la famille est le pivot de leur société. L'unité sociale qui chez nous, aujourd'hui, est l'individu, est chez eux la famille. Ils vivent de la vie de famille, groupés par nombreux ménages, frères avec frères, parens et enfans réunis, ce qui renforce et resserre les liens du sang, élargit l'existence et lui donne du charme, et présente tous les avantages économiques qu'amène avec elle l'association. En Chine, le sentiment de famille est le régulateur suprême des actes publics ou privés de chacun, la base des peines et des récompenses. Il joue le plus grand rôle dans la politique comme dans la vie intime, par l'assimilation complète et parfaite de l'état à une famille. Cette assimilation n'est pas une fiction admise seulement dans les livres, et n'ayant d'existence que sur le papier ; c'est la religion politique du pays, religion qui n'a pas de dissidens ; ce n'est pas une vaine formule, une convention sans conséquence,

Michel Chevalier

c'est un fait positif ; car qu'y a-t-il de plus positif et de plus réel qu'un sentiment gravé dans tous les cœurs et dirigeant à chaque instant la pensée et les actes de tous les hommes ? Le sentiment de famille a la plus substantielle incarnation dans le gouvernement de la Chine, du moment où depuis quelques milliers de siècles la Chine entière est convaincue que l'état est une famille, et que, dans les idées comme dans le dictionnaire des Chinois, il n'y a pas de différence entre le prince et le père. Les Chinois ont même résolu avec bonheur un problème qui nous semble insoluble, celui d'associer harmonieusement les distinctions héréditaires avec l'esprit d'égalité, en substituant l'hérédité ascendante à l'hérédité descendante, en anoblissant les ancêtres à cause des services du fils, au lieu d'accorder des privilèges au fils à cause des faits et gestes du père.

Cela est fort surprenant, mais cela est. Avec ce dédain que nous affichons pour tout ce qui ne nous ressemble pas, nous pouvons traiter cela d'étrange et de bizarre, et en rire comme d'un préjugé grossier ; mais, avant de taxer le système chinois d'étrangeté et de bizarrerie, demandons-nous si nos systèmes politiques ne méritent pas des qualifications plus sévères. Nos théories érigent en principe la méfiance contre le gouvernement : elles légitiment contre lui les plus injurieux soupçons, les accusations les plus déshonorantes ; elles dépeignent comme citoyen modèle celui qui passe sa vie à l'entraver, à le défier, à l'insulter. Celles des Chinois sont diamétralement en sens inverse. Tout préjugé révolutionnaire à part, n'est-ce pas plus conforme aux règles du bon sens, du bon ordre et de la saine justice distributive ? La main sur le cœur, lequel est le plus honorable, le plus beau, le plus digne d'hommes intelligents, libres et courageux, de respecter et de chérir à l'égal d'un père le prince, en qui se personnifie l'unité nationale, ou de lui prodiguer, avec la certitude de l'impunité, des outrages que le Spartiate le plus arrogant n'eût pas adressés à l'ilote qu'il tenait sous ses pieds, de le poursuivre dans ses plus chères affections, dans ses fils que tous les rois lui envient, et dont seraient jaloux l'orgueil de tous les pères, la tendresse de toutes les mères ? Sommes-nous en droit de nous prévaloir de l'excellence de nos conceptions politiques, nous chez qui l'ordre public, la forme du gouvernement, l'indépendance nationale, sont à la merci du premier évènement ?

Avant de rire de ces peuples éloignés, tâtons-nous le pouls, et examinons de sang-froid si nous devons exciter le sourire ou la compassion, nous dont tous les essais avortent misérablement après quelques années d'expérience, nous qui ne savons rien fonder, nous dont nul ne saurait dire avec quelque confiance ce que sera la patrie, ce qu'il sera lui-même dans un délai de dix ans, de dix mois peut-être ?

Autrefois nous avions à pleines mains des illusions à la chinoise ; mais nous nous en sommes guéris, nous sommes devenus des esprits forts. Malheureusement, nous pouvons le dire, car c'est entre nous, il n'y a pas de Chinois qui écoute à la porte, nous n'en sommes devenus jusqu'à présent ni meilleurs ni plus heureux. Puis, sommes-nous bien sûrs de nous être dépouillés de toute illusion et de tout mysticisme ? L'amour de nos rois, qui se confondait jadis avec l'amour de la patrie, c'était un préjugé, soit ; et il ne nous en reste plus un atôme. Mais, si nous ne nous inclinons plus avec un respect filial (j'allais dire chinois) devant le trône de nos princes, en retour nous nous sommes mis à adorer profondément des abstractions métaphysiques. Y eut-il jamais au monde mystère qui fût plus mystifiant que le dogme parlementaire de la pondération des pouvoirs, lequel donne pour symbole à la perfection des gouvernements ce quadrige sculpté sur la façade du Louvre, que deux vigoureux attelages tirent de toutes leurs forces en deux sens opposés sans le faire bouger ? En fait de mystère, pour des gens de progrès, nous pouvions plus heureusement choisir.

Des esprits éminents, et en dernier lieu Benjamin Constant, ont pensé et dit que, politiquement et socialement, l'Europe marchait vers le système de la Chine ! Était-ce de leur part du pessimisme ou de l'optimisme, un regret ou un espoir ?

Partie II
De la tendance de l'Occident à se rapprocher de l'Extrême Orient

Dans les temps d'instabilité extrême où nous vivons, les hommes qui tiennent les rênes de l'état chez la plupart des nations européennes et particulièrement en France, ne prennent aucun

Michel Chevalier

souci de ce qui se passe dans cet Orient reculé : ils ne s'inquiètent pas de la convenance qu'il peut y avoir à préparer des relations avec lui, et l'on serait mal venu, probablement, à signaler ce sujet à leur attention. Cela ne prouve point que le sujet doive être relégué parmi ceux dont se bercent les visionnaires, et qu'il soit indigne d'un homme positif de s'en préoccuper. Cela pourrait bien attester seulement ce qui malheureusement n'est plus à démontrer, que les intérêts de l'avenir n'ont plus de place dans la pensée des gouvernants. Ministres dirigeants ou ministres subalternes, les hommes politiques sont absorbés par les nécessités de leur existence éphémère. Comment auraient-ils le loisir et la faculté de plonger dans l'avenir ? L'homme songe à l'avenir de son pays quand il s'en croit un à lui-même. Les gouvernants, pour s'inquiéter de ce qui importe aux races futures, ont besoin de voir un futur quelconque devant eux. L'avenir maintenant, c'est la séance de demain ou de ce soir. Il faut avoir un coup d'œil d'aigle pour étendre son regard jusqu'à la session prochaine. Les ministres de notre temps savent qu'aucun orateur incommode ne les interpellera sur le céleste empire, qu'aucun journal de mauvaise humeur ne les sommera de s'expliquer sur le Japon. Dès-lors ces nations lointaines doivent être pour eux comme si elles n'existaient pas. Nés de petites causes, cernés de petites rivalités et de petites intrigues, destinés à mourir d'un incident gros ou microscopique, à l'improviste, *entre deux portes*, pour me servir d'un mot posthume d'un des plus spirituels de ces défunts, ils ne sauraient se livrer à de grandes pensées, quelque talent qu'ils aient, et certes nous avons eu aux affaires des hommes qui en étaient richement pourvus ; car en un pays où l'on a vu presque toujours depuis dix ans au ministère, séparément ou deux à deux, des hommes de la trempe de MM. Molé, Guizot et Thiers, on ne saurait prétendre que le royaume de la politique est aux pauvres d'esprit. Obligés, pour veiller à leur conservation, d'avoir l'œil fixé sur un étroit rayon autour d'eux, ils ne peuvent en conscience braquer leur lunette sur ce qui se passe au loin ; *primò vivere*. Ainsi de l'indifférence plus ou moins dédaigneuse que rencontrerait sur le terrain de la politique, si on l'y jetait, la pensée de relations nouvelles entre l'Europe et l'Orient le plus reculé, il ne faut point conclure que la question soit inopportune ou oiseuse. Il n'y a de conclusion à tirer que contre la politique actuelle, ou plutôt contre la fausse direction depuis longtemps imprimée aux intelligences. Quelles que soient à cet égard les dispositions des hommes politiques, il n'en est pas moins vrai que l'établissement de rapports réguliers, étroits et animés entre l'Europe et l'extrémité orientale du vieux continent serait un évènement d'une portée incalculable, immense ; il n'en demeure pas moins certain qu'en ce moment les Anglais rompent la glace et hâtent l'époque où ces deux puissants foyers de civilisation, de lumière et de richesses, situés aux deux bouts de l'ancien monde, se renverront mutuellement leurs rayons, redoubleront d'éclat et de fécondité l'un par l'autre, l'un pour l'autre. Si aujourd'hui la politique fait fi de la question et la laisse au coin de la borne, il convient qu'elle soit relevée par d'autres mains, Puisse-t-elle exciter la sollicitude des penseurs amis de l'humanité, qui ne diffèrent de l'homme d'état digne de ce nom qu'en ce que, leur montre avançant sur la sienne, au lieu de le suivre, ils lui ouvrent le chemin !

Remarquons cependant que la politique moderne, là même où elle est désordonnée, vacillante, à courte vue, rend un éclatant hommage, sans précisément en bien avoir conscience, à cet Orient lointain. C'est un legs des âges passés qui bon gré mal gré s'impose à elle, une irrésistible tradition, un courant qu'elle n'est pas la maîtresse de ne pas suivre, parce que c'est le courant des siècles. Le grand débat des cabinets, de ceux qui durent comme de ceux qui se succèdent à la façon des étoiles filantes, de ceux qui déroulent graduellement des plans tracés de longue main et qui ont des idées fixes comme de ceux qui manquent d'idée et de plan ; ce qui, plus que toute autre cause, bien plus que la crainte de la propagande, maintient l'Europe à l'état d'observation armée, c'est la question du Levant. Or, ce qui donne tant de prix aux dépouilles de l'islamisme, c'est qu'il avait planté ses tentes entre l'Europe et l'Orient reculé. Ce qui faisait et fait plus que jamais le prix du Bosphore et de l'Égypte, ce qui détermina Alexandre à marquer de son sceau, de son nom, l'isthme de Suez, Constantin à transporter dans Byzance les pénates de l'empire romain, quand la ville de Romulus ne leur offrit plus un sûr asile, les califes à établir à Bagdad la capitale de leurs domaines, les Turcs à redoubler d'efforts jusqu'à ce que le croissant fût arboré sur Sainte-Sophie ; ce qui inspira au génie de Leibnitz son mémoire à Louis XIV sur

Michel Chevalier

la conquête de l'Égypte ; ce qui attira le général Bonaparte sur la terre des Pharaons ; la cause pour laquelle de nos jours, Alexandrie et Constantinople allument la convoitise, disons mieux, l'ambition avouée et hautement avouable de l'Angleterre et de la Russie ; ce qui explique pourquoi les Russes sacrifient tant d'hommes et d'argent dans des expéditions, stériles en apparence, contre Khiva ou contre des tribus de pauvres Tcherkesses ; pourquoi l'Angleterre promène sans relâche ses habiles agents, ses intrépides officiers, ses citadelles flottantes, ses intrigues et son or du golfe Arabique au golfe Persique, du Nil à l'Euphrate, d'Aden à Bender-Bushir ; ce qui, au fond, motive (je ne dis pas légitime) l'opposition tenace de chacune de ces puissances aux projets de l'autre, et de la France aux vœux de toutes deux, ce n'est pas le site enchanté où se déploie Constantinople, ce n'est point la fertilité de la vallée du Nil, ou le charme de celle de l'Euphrate ; ce sont encore moins les plages, arides ou noyées, qui bordent la mer Rouge ou qui longent le golfe Persique, ou les quelques millions de populations misérables qui ont vécu ou qui végètent dans les diverses dépendances du ci-devant empire ottoman : c'est que le Bosphore et les rives de la mer Noire et de la Caspienne, — l'isthme de Suez, la mer Rouge et Aden, — l'Euphrate, Bagdad, le golfe Persique et Bender-Bushir, — sont les trois grands chemins entre l'Europe et la vieille Asie ; c'est que le Levant est le vestibule de l'Asie lointaine, de l'Inde et de *la Chine*, puisqu'il faut l'appeler par son nom.

Deux forces puissantes poussent les peuples de l'Europe à atteindre ceux de l'extrême Orient. L'une, mystérieuse, instinctive, irrésistible, semble être due à l'action de la Providence elle-même qui nous mène par la main à notre insu ; l'autre résulte du tempérament actif, ambitieux, remuant, insatiable, qui a été transmis aux nations européennes par les peuples anciens dont elles sont les héritières.

Depuis l'origine des siècles, depuis que Prométhée, dérobant aux dieux le feu sacré, eut embrasé l'âme de nos premiers pères, jusqu'alors engourdis et passifs, la civilisation à laquelle nous appartenons s'est mise en mouvement d'Orient en Occident, d'un pas mesuré et par stations successives, depuis le plateau qui domine l'Indus et le Gange. Se régénérant à chaque station par l'infusion d'un sang nouveau, elle s'est avancée par un majestueux pèlerinage, coupant tour à tour les déserts, les fleuves, les montagnes, les détroits et les bras de la Méditerranée, qui était pour elle alors une mer gigantesque, *mare ingens*, jusqu'à ce qu'elle se trouvât en ligne sur le littoral de l'Atlantique, du fond de la Péninsule espagnole jusqu'à la pointe des îles britanniques et de la presqu'île scandinave. Alors, après une pause nouvelle où elle a excité ses forces en exerçant ses enfants les uns contre les autres, elle a traversé l'Océan, dont le nom jadis était un sujet d'effroi ; elle a envahi le Nouveau-Monde, l'a franchi d'un bond audacieux, et bientôt, du sommet de la Cordilière, du cap Horn au mont Saint-Élie, elle a pu, comme d'un observatoire de deux mille cinq cents lieues de long, contempler le dernier espace qui la séparait du versant oriental de l'ancien continent.

Une autre civilisation, marchant au rebours de la nôtre, a cheminé d'Occident en Orient, en partant du même foyer. C'est celle de l'Orient extrême, de l'Orient véritable, du grand Orient, qui avant peu sera l'Orient unique, car l'Europe absorbe et s'assimile les régions et les peuples qui jusqu'ici ont formé ce que nous appelions l'Orient par excellence, parce qu'il était le plus proche, le seul proche, et qu'il nous révélait son existence en luttant hardiment contre nous. Mais cette seconde civilisation, moins remuante, moins audacieuse que la nôtre, s'est arrêtée en Chine, et, après avoir envoyé une garde avancée au Japon, elle s'est fixée à demeure sur la terre ferme, craignant d'affronter la terrible mer. C'est à peine si, exaltés par le mysticisme religieux, quelques-uns de ses fils ont pu s'aventurer sur la surface redoutée de l'Océan, comme dans l'expédition qui, deux siècles avant notre ère, parcourut la mer de l'est « pour chercher un remède qui procure l'immortalité de l'âme. »

En même temps que, par un mouvement général et providentiel semblable aux révolutions planétaires, et dont elle ne se rendait pas compte, notre civilisation, ainsi entraînée de l'est à l'ouest, s'avançait, en faisant le tour du globe, vers sa sœur de l'Orient, elle la recherchait par une autre voie, sous l'influence d'un autre mobile essentiellement humain. Cédant à la soif des richesses et des conquêtes, aux instincts du sensualisme et de l'ambition, elle se retournait en arrière, dans sa marche régulière vers l'ouest, tantôt pour combattre, tantôt pour trafiquer. De là les Argonautes, non

Michel Chevalier

moins avides qu'ils ne furent vaillants ; de là les luttes de Troie et les campagnes d'Alexandre ; de là les croisades, de là les comptoirs des Lombards, des Génois, des Vénitiens ; de là les héroïques entreprises des Albuquerque et des Vasco de Gama ; de là les tentatives un moment heureuses des, Français sous Louis XIV ; de là enfin la compagnie des Indes et l'empire des Anglais en Asie.

De tout temps les peuples de l'Europe ont été persuadés que l'Orient le plus reculé renfermait des richesses inouïes. Toujours l'homme a supposé que les régions lointaines recélaient des merveilles et des trésors. Suivant les premiers poètes et les philosophes de l'école ionienne, Thalès et Anaximène, la terre était un disque que l'Océan entourait comme une ceinture, et l'on plaçait vers ses bords l'Élysée, les îles des Bien-Heureux, les Hyperboréens et le peuple juste des Éthiopiens. La fertilité du sol, la douceur du climat, la force physique des hommes, l'innocence des mœurs, tous les biens appartenaient aux extrémités du disque terrestre. Plus tard, lorsque la cosmographie chrétienne, effaçant l'idée de la rotondité de la terre, eut de nouveau converti notre planète en une surface plane, non en forme de disque comme au temps de Thalès, mais en parallélogramme, on enseigna qu'au-delà de l'Océan, des quatre côtés du continent intérieur qui représente l'*area* du tabernacle de Moïse, est placée une autre terre renfermant le paradis, et que les hommes ont habitée jusqu'à l'époque du déluge.[1] » Hérodote, fidèle interprète de la science et des préjugés de son temps, pose en principe que les extrémités du monde ont obtenu dans le partage des biens de la terre les plus belles productions. Cette opinion, comme le fait remarquer M. de Humboldt, n'exprimait pas uniquement l'idée mélancolique et naturelle à l'homme que le bonheur est loin de nous ; elle se fondait aussi sur l'éloignement des lieux d'où les Hellènes recevaient l'électrum et l'étain, l'or et les aromates. Là, selon les premiers historiens, et selon Ptolémée, la Chersonnèse d'or développait ses rivages allongés ; là était l'Ophir de Salomon. La croyance que l'extrême Orient est un dorado se retrouve chez les nations sémitiques. Les géographes arabes Édrisi et Bakoui indiquent, aux limites orientales du monde connu, l'île aux sables d'argent, Sahabet, et les îles aurifères Ouac-Ouac et

---

1 *Christianorum opinio de Mundo* (ou topographie chrétienne), ouvrage attribué à un marchand d'Alexandrie, Cosmas, qui se fit moine sous l'empereur Justinien.

Saïla, dont les chiens et les singes portent, disent-ils, des colliers d'or.

Partie III
Le désir d'atteindre l'extrémité de l'Orient a été la cause de la découverte de l'Amérique. – Christophe Colomb.

La passion des Occidentaux pour la richesse ou pour la domination politique et religieuse, qui les précipitait vers les terres d'Orient, sanctionnant ainsi un mystérieux décret de la Providence, a produit les plus grands évènements sur l'espace que notre civilisation occupe ; car où en serions-nous sans l'expédition d'Alexandre et sans les croisades par exemple ?

C'est pareillement au désir d'atteindre l'Orient qu'est dû un fait qui a changé la face du monde, la découverte de l'Amérique par Christophe Colomb. L'historiographe du grand navigateur, M. Irving, et plus encore l'homme à qui l'on doit pour ainsi dire une seconde découverte du nouveau continent, M. de Humboldt,[1] puisant l'un et l'autre dans les archives espagnoles, ou se servant des nombreux documents publiés par deux savants historiens espagnols, MM. Navarrete et Muños, ont démontré que le but de l'amiral était d'atteindre, en cherchant le levant par le couchant (*el levante por et poniente*) les régions de l'Asie, fertiles en épiceries, riches en diamants et en métaux précieux.

Au XVe siècle, les intelligences étaient travaillées du besoin de se rapprocher de l'Asie. Les progrès du luxe et de la civilisation dans le midi de l'Europe y faisaient avidement rechercher les productions de l'Inde ; mais ces appétits de la *bête*, comme dit Xavier de Maistre, n'étaient, si vivaces qu'ils fussent, qu'au second rang parmi les causes qui poussaient les esprits vers le monde oriental. Dès le XIIIe siècle, les expéditions et les conquêtes des Mongols sous Gengis-Khan et ses fils, près desquelles celles

1 Voyez *l'Histoire de la Géographie du nouveau continent*. C'est dans ce livre que nous avons puisé la plupart des faits consignés ici au sujet de Colomb. Nous lui avons même fait quelques emprunts tout littéraires. Ce n'est pas notre faute si M. de Humboldt écrit le français aussi purement et avec autant d'aisance que si c'était sa langue naturelle ; ne pouvant dire autrement aussi bien, nous lui avons, en désespoir de cause, dérobé quelquefois ses propres expressions.

Michel Chevalier

d'Alexandre, le maître des conquérants occidentaux, sont des échauffourées, avaient attiré sur l'Orient extrême l'attention des chefs des peuples européens. Ces mêmes Mongols qui atteignaient la mer Jaune, à l'est de la Chine, étaient venus à l'ouest régner sur la mer Noire et sur la Baltique, et faire boire leurs chevaux au centre de l'Allemagne, jusque dans les fleuves de la Silésie. Le nom du grand Khan rendait soucieux les monarques de l'Europe, et leur supérieur, le souverain pontife. On lui avait adressé des ambassades, et il avait daigné en envoyer à son tour. Les savants grecs qui s'étaient enfuis de Constantinople après la destruction de l'empire bysantin, avaient semé en Europe des notions sur l'Asie, et avaient appris à la considérer comme une terre moins excentrique, plus prochaine. La religion conspirait avec la politique et le commerce pour nouer des rapports entre l'Orient et l'Occident. Des voyages provoqués ou encouragés par la ferveur catholique avaient étendu l'horizon géographique et inspiré le désir de l'agrandir encore. Les têtes avaient été échauffées par les récits de simples moines pleins de résolution, tels que Rubruquis, Plan Carpin, Simon de Saint-Quentin, Ascelin et Bartholomée de Florence, qui avaient déployé le courage et la persévérance justement admirés par l'Europe moderne dans Burnes, leur successeur, et la sagacité qu'un autre de leurs continuateurs, l'infortuné Jacquemont, alliait avec une philosophie si charmante et un esprit si fin. Les rapports de voyageurs laïcs, tels que Mandeville et surtout Marco Polo, redoublaient, au lieu de les satisfaire, la curiosité qui s'attachait au grand Orient et le besoin qu'on éprouvait de s'en rapprocher. Le prosélytisme, excité par les triomphes des Espagnols sur les Maures, réclamait un nouvel aliment. Un ébranlement intellectuel, prélude de la réforme, tenait les cerveaux en émoi. Novateurs inspirés, les grands hommes de l'Italie répandaient autour d'eux des flots d'une lumière éblouissante qui était accueillie avec transport. La science se dégageait de l'enveloppe de la scolastique et des erreurs du moyen-âge ; elle restituait à l'esprit humain les trésors de l'antiquité. Indiquant des issues inconnues jusqu'alors, elle les montrait sous cette forme vague qui fascine les imaginations ardentes et qui les féconde, et elle fournissait des moyens de réalisation que le passé n'avait pas possédés.

En réhabilitant l'opinion de la rotondité de la terre, parfaitement admise et démontrée par les pythagoriciens et par Aristote, par l'école des philosophes d'Alexandrie, par Strabon, et avérée chez les Romains, elle faisait naître la pensée d'entreprises infinies en nombre et grandioses de proportion. Chez les anciens, cette croyance était restée stérile à cause de l'imperfection extrême de la navigation. Au XVe siècle, l'art nautique, grossier encore, avait cependant fait assez de progrès pour qu'il fût enfin possible à des hommes doués d'un corps de fer et d'une âme de bronze d'explorer et de sillonner notre planète arrondie. L'usage plus fréquent et mieux entendu de la boussole, que l'Europe avait reçue des Arabes, qui la tenaient de la Chine par l'Inde, impliquait toute une révolution maritime. Se joignant à la boussole, l'invention de l'astrolabe et du quart de cercle, et le calcul des hauteurs du soleil, au moyen de tables telles que celles de Regiomontanus, achevaient de dépouiller l'Océan du titre que lui donnaient les géographes, de mer *ténébreuse*, et en promettaient l'empire à l'homme.

Buvant à la coupe qu'on leur présentait, les peuples s'initiaient à des désirs sans limites et à des espérances sans fin. La vue des hommes s'allongeait, les poitrines se dilataient ; on eût dit que tous les sens redoublaient de vivacité et d'énergie. L'intellect s'épanouissait, les appétits grandissaient, une vie nouvelle entrait par tous les pores, avec ses chances tant mauvaises que bonnes, avec son surcroît de sensations douces et pénibles, ses nouveaux besoins, ses tumultueuses exigences, son nouveau faix de responsabilité et de soucis, et débordait comme un torrent. Les chefs des peuples devaient se dire ces paroles inquiètes des disciples au Christ : Comment, avec trois pains et deux poissons, rassasierons-nous cette multitude ?

C'était une situation pareille à celle qui se déroule sous nos yeux.

Ainsi tout faisait à l'Europe chrétienne une loi de trouver quelque source nouvelle de satisfactions matérielles, intellectuelles et morales, de grandes sensations religieuses et politiques ; tout en elle était mûr pour l'ouverture de la campagne où elle devait gagner la domination du monde : car c'est seulement depuis le XVe siècle que nos nations se sont assuré la suprématie. Jusque-là l'islamisme leur tenait tête en Europe, et leur nom était ignoré dans l'Asie lointaine.[1]

1 « L'influence, dit M. de Humboldt, que ces peuples (de l'Europe occidentale)

Michel Chevalier

L'Europe donc se sentait attirée vers l'Asie reculée ; les rois espéraient y trouver des trésors, des tributaires et des alliés ; les hommes religieux comptaient y recueillir une abondante moisson d'âmes ; les commerçants enfin pensaient y amasser des fortunes qui fissent pâlir l'opulence des Génois et des Vénitiens.

Pendant la jeunesse de Colomb, le Portugal était à la tête de ce projet de croisade asiatique, dans la personne du prince Henri. Malgré l'autorité d'Hipparque et de Ptolémée, qui représentaient l'Afrique comme un continent étendu indéfiniment vers le pôle austral, et rejoignant l'Asie au-delà du Gange en cernant la mer des Indes, transformée ainsi par eux en une autre Méditerranée, ce prince, homme lettré et érudit, frappé de la tradition d'une expédition carthaginoise autour de la péninsule africaine, soutenait que la mer des Indes n'était pas close, qu'un navire pouvait tourner autour de l'Afrique depuis Gibraltar jusqu'à la mer Rouge, et par conséquent qu'il était possible à des marins de se rendre de Lisbonne au pays des épices, quelque terreur qu'inspirât alors le cap Non, situé à moins de cent cinquante lieues du détroit de Gibraltar,

exercent sur tous les points du globe ou leur présence se fait sentir simultanément, la prépondérance universelle qui en est la suite, ne datent que de la découverte de l'Amérique et du voyage de Gama. Les évènemens qui appartiennent à un petit groupe de six années (Colomb s'est embarqué à Palos, le 3 août 1492, et a vu la terre le 11 octobre de la même année ; Vasco de Gama est parti le 8 juillet 1497, a doublé le cap de Bonne-Espérance le 20 novembre, et est arrivé à Calecut le 20 mai 1498) ont déterminé pour ainsi dire le partage du pouvoir sur la terre. Dès-lors le pouvoir de l'intelligence, géographiquement limité, restreint dans des bornes étroites, a pu prendre un libre essor ; il a trouvé un moyen rapide d'étendre, d'entretenir, de perpétuer son action. Les migrations des peuples, les expéditions guerrières dans l'intérieur d'un continent, les communications par caravanes sur des routes invariablement suivies depuis des siècles, n'avaient produit que des effets partiels et généralement moins durables. Les expéditions les plus lointaines avaient été dévastatrices, et l'impulsion avait été donnée par ceux qui n'avaient rien à ajouter aux trésors de l'intelligence déjà accumulés. Au contraire, les évènemens de la fin du XVe siècle, qui ne sont séparés que par un intervalle de six ans, ont été longuement préparés dans le moyen-âge, qui, à son tour, avait été fécondé par les idées des siècles antérieurs, excité par les dogmes et les rêveries de la géographie systématique des Hellènes. C'est seulement depuis l'époque que nous venons de signaler que l'unité homérique de l'Océan s'est fait sentir dans son heureuse influence sur la civilisation du genre humain. L'élément mobile qui baigne toutes les côtes en est devenu le lien moral et politique, et les peuples de l'Occident, dont l'intelligence active a créé ce bien, et qui ont compris son importance, se sont élevés à une universalité d'action qui détermine la prépondérance du pouvoir sur le globe. » (*Histoire de la Géographie du nouveau continent*, tom. IV, pag. 21.)

et que les plus habiles navigateurs considéraient comme l'extrémité du monde. Cette pensée du prince Henri, poursuivie par lui avec dévouement et intelligence, donna lieu après sa mort au voyage de Vasco de Gama, à la découverte du cap de Bonne Espérance, et au déploiement d'héroïsme dont le Portugal a conservé, comme un souvenir, Macao et Goa. Colomb, qui vécut longtemps en Portugal, savoura ce projet, puis, novateur audacieux, lui donna une autre forme. Malgré son profond respect pour l'autorité religieuse, il était convaincu de la rotondité de la terre. Il en concluait naturellement qu'on pouvait se rendre d'Europe au fond de l'Asie, en cheminant de l'est à l'ouest, aussi bien qu'en allant de l'ouest à l'est comme on l'avait fait jusqu'alors. Entre ces deux routes opposées conduisant au même but, de bienheureuses erreurs dont nous allons dire un mot, et qui étaient sanctionnées par la science la plus avancée de l'époque, le déterminaient à donner le choix à celle qui se dirige de l'est à l'ouest. C'était au surplus une idée exprimée autrefois, comme une possibilité seulement et non comme un conseil, par l'antique Eratosthène, et recueillie par Strabon. Il est même curieux que, dans cet exposé spéculatif, Eratosthène eût expressément désigné pour point de départ la péninsule ibérique.

Du cap Saint-Vincent, qui termine cette péninsule au sud-ouest et lui sert de tête de pont sur l'Océan, jusqu'aux côtes de la Chine, la distance, dans la direction de l'est à l'ouest, que préférait Colomb, est de 230° de longitude (le tour de la terre étant de 360°), c'est-à-dire des deux tiers de la circonférence. Par un remarquable hasard, le plus ancien des observateurs, Eratosthène, estimant juste à 10° près, avait évalué l'intervalle à 240°. Cette opinion avait été reproduite par le célèbre géographe d'Amasée, Strabon, dont Colomb connaissait quelques fragments par intermédiaire, et qu'il appelait Extrabon. Mais plus tard, un autre géographe dont Colomb avait pareillement lu des extraits dans le traité du cardinal Pierre d'Ailly, Marin de Tyr, par d'assez mauvaises raisons, et dans l'ignorance des travaux des navigateurs phéniciens, diminua l'espace à franchir au travers de l'Atlantique ; il le réduisit, des îles Canaries à la Chine, à 135°. Il se trompait de 86°, et plaçait ainsi la Chine aux îles Sandwich. Ptolémée, venant après Marin de Tyr, rectifia son calcul, mais il se méprit encore de 41°. Il mettait le littoral des Sères, ou Chinois, dans les parages des Carolines orientales. Colomb, par aventure, ou plutôt par une de ces inspirations que Dieu envoie à ses élus, se persuada que, de toutes ces évaluations, celle de Marin de Tyr, la plus inexacte précisément, était la plus vraie. A force de conjectures, il rétrécit encore l'intervalle maritime des deux extrémités du continent, et supputa que des îles du Cap-Vert au Cathay, comme on appelait alors la Chine septentrionale, il ne devait y avoir que 120°, ou le tiers du tour de la terre. Ce n'est pas tout : dans l'opinion accréditée alors parmi les hommes les mieux informés, par suite des récits de Marco Polo, bien avant le Cathay, du côté de l'Europe, sur le chemin de l'Espagne à la Chine par la direction de l'est à l'ouest, se trouvait, au milieu d'un archipel innombrable, une île grande et florissante où l'or et les pierreries abondaient, celle de Zipango ou Cipango (c'est l'île japonaise de Niphon). La présence de cette île ramenait la traversée, dans la pensée de Colomb, à des proportions presque ordinaires, car il résulte du journal de son premier voyage qu'il avait compté la rencontrer à sept cent cinquante lieues des Canaries.

Deux autres erreurs inspiraient à Colomb une grande confiance dans la réussite d'une expédition maritime dirigée droit à l'ouest. Sur la foi ou plutôt sur une mauvaise interprétation d'un livre apocryphe, appelé jadis dans l'église grecque l'Apocalypse d'Esdras, il admettait que les continents et les îles occupaient sur la surface de la terre un bien plus grand espace que celui qui leur appartient. Il était persuadé que six parties de la surface du globe étaient à sec, et que seulement la septième était couverte d'eau. De cette incorrecte notion de géographie physique, il concluait que, dans quelque direction qu'on s'aventurât, l'on devait trouver des terres après un assez court voyage. La méprise était forte, car le rapport réel de la superficie des terres à celle des eaux est de 1 à 2,7/10, au lieu de 6 à 1, c'est-à-dire seize fois moindre. Enfin l'amiral supposait notre planète moindre qu'elle n'est. Sur l'autorité de l'auteur arabe Alfragan, il pensait dès l'origine et il a répété plusieurs fois, dans ses rapports à Ferdinand et à Isabelle, que le monde était peu étendu (*el mondo es poco*). Confondant les auteurs anciens entre eux, il a dit, dans une lettre écrite d'Haïti à Isabelle : « Aristote nous apprend que le monde est petit et que facilement on peut aller de l'Espagne dans l'Inde. Ceci se trouve confirmé par Avenruiz

(Averroès) et par le cardinal Pedro de Alliaco (Pierre d'Ailly), qui se fonde sur l'autorité de Sénèque, tout en disant qu'Aristote pouvait savoir beaucoup de secrets par Alexandre, et Sénèque par César Néron. » Il y a effectivement dans les *Questions Naturelles* de Sénèque ces mots, fort nets en apparence, qu'on pourrait aller en peu de jours, avec un vent favorable, de l'Espagne dans l'Inde. C'est tout simplement que Sénèque, avec ce dédain pour les choses de ce monde qui caractérisait l'école stoïque, après avoir contemplé l'immensité des orbes planétaires, juge fort exigu par comparaison le domicile de l'humanité. Pierre d'Ailly et Colomb avaient pris au sérieux, comme une supputation mathématique, cette figure de la rhétorique stoïcienne.

Colomb avait été encouragé à considérer comme facile la traversée d'Espagne en Chine, en se dirigeant de l'est à l'ouest, par la correspondance qu'il entretenait avec un des hommes les plus éclairés de l'Europe, l'astronome Paul Toscanelli, de Florence. Toscanelli, dans son cabinet, poursuivait les mêmes rêves d'Orient longtemps avant que Colomb mît à la voile, et il serait difficile de décider qui, du Génois ou du Florentin, eut le premier l'idée d'un voyage par mer dans la direction de l'est à l'ouest. Plusieurs années avant d'avoir des rapports avec Colomb, il écrivait au chanoine portugais Fernando Martinez, qui l'avait consulté, au nom du roi de Portugal, sur la meilleure route de l'Inde, qu'il fallait passer par l'ouest, que c'était le plus court chemin (*brevissimo camino*) pour arriver à ces régions si fertiles et si abondantes en épiceries et en pierres précieuses. Il entra en relation avec Colomb à ce sujet dès 1474, c'est-à-dire dix-huit ans avant le départ de l'amiral. En lui envoyant copie de sa lettre à Martinez, et de la carte qu'il avait dressée pour le roi de Portugal, il lui dit : « Votre voyage sera moins long qu'on ne le pense. » Toscanelli, plein des récits de Marco Polo, citait à Colomb les merveilles qui s'offriraient à lui en Asie et lui traçait un itinéraire d'où il résultait que l'île de Cipango était dans les parages où l'amiral trouva Haïti.

L'idée de son voyage vint à Colomb en 1470, selon M. Navarrete. Il mit à la voile le 3 août 1492. Il ne saurait y avoir d'incertitude sur l'objet, qu'il se proposait, car il l'a consigné en tête de son journal, qui a été conservé, et dans plusieurs lettres dont l'original lui a survécu : c'était de passer, par la voie de l'Occident, à la terre où

Michel Chevalier

naissent les épiceries (*pasar a donde nacen las especerias navegando al occidente*). Mais dans sa noble imagination, dans son cœur brûlant, dans son âme chrétienne, il ne s'agissait pas seulement d'une exploration géographique ou d'une tentative mercantile ; il s'était fait un programme de la plus magnifique grandeur, dont les amis de l'humanité et de la chrétienté devaient s'applaudir. Il allait « trouver le grand Khan, le roi des rois (l'empereur chinois qui descendait de Gengis-Khan), dont les peuples étaient plongés dans l'idolâtrie et dont les prédécesseurs avaient envoyé maintes fois à Rome pour demander des docteurs de notre sainte foi qui pussent les instruire des vérités de l'Évangile. » Il avait des lettres de leurs majestés catholiques pour le grand Khan. Il était chargé d'étudier le pays et les habitants, d'examiner la nature et le caractère de tous, ainsi que les moyens à prendre pour leur conversion. Enfin l'Inde, où tout était d'or et de diamants, devait fournir des ressources au trésor castillan, épuisé par la guerre, afin de délivrer Jérusalem et d'affranchir le tombeau du Christ de la domination des infidèles.

Dans la conviction profonde qu'il chemine vers l'Asie, une fois embarqué il compare ce qu'il observe aux renseignements que lui a donnés son savant ami Toscanelli. Dans une conférence avec son lieutenant, Martin Alonzo Pinzon, commandant d'un de ses trois navires, *la Pinta*, qui le pressait d'obliquer vers le sud, Colomb persiste à aller droit à l'ouest par le motif qu'il convient « d'aller d'abord à la terre ferme d'Asie pour revenir ensuite vers les îles, parmi lesquelles se trouve Cipango. » A la distance de sept cent cinquante lieues des Canaries, il s'étonne cependant de ne pas avoir rencontré ce Cipango tant célébré, car ses calculs hypothétiques, auxquels il croyait d'une foi profonde, lui avaient dit qu'il le trouverait à cette distance. Supposant alors qu'il se sera trompé dans l'estimation quotidienne des latitudes, il fait à Pinzon la concession de dévier un peu vers le midi et de tourner le cap du navire à l'ouest sud-ouest. C'était le 7 octobre. Dans la soirée du 11, l'expédition aperçut l'île de Guanahani.

L'idée qu'il allait aux Indes par l'ouest n'a pas quitté Colomb quand la découverte a été accomplie. Les hommes qu'il rencontre, il les appelle des Indiens, et ce nom est resté aux indigènes du nouveau continent, tant dans l'Amérique anglaise que dans l'Amérique espagnole. Quand il s'approche de l'île Isabelle (aujourd'hui

Exumeta), il croit remarquer dans l'air cette odeur d'épices qu'on disait s'exhaler des îles de la mer des Indes. L'esprit plein des termes de Marco Polo que lui a transmis Toscanelli, il cherche les villes et les provinces du voyageur vénitien. Après avoir touché successivement à Guanahani, à la Conception, à l'île Fernandina et à Isabelle, tenant pour certain qu'il était dans l'archipel infini qu'on croyait exister en avant de la Chine, il entend parler d'une grande île : il ne doute pas que ce ne soit le Cipango de Marco Polo, et il fait voile pour s'y rendre, afin « de se diriger ensuite, dit-il dans son journal, vers la terre ferme et la ville de Guisay (Quinsaï ou Hangtcheoufou, que Marco Polo avait beaucoup vantée), et donner les lettres de vos altesses au grand Khan, lui demander réponse et la rapporter tout de suite. » Le Cipango, vers lequel il faisait voile, c'était l'île de Cuba, appelée Colba par les naturels. « A minuit, dit-il, je levai l'ancre pour chercher l'île de Cuba, où il y a de l'or, des épices et de grands navires propres à en être chargés. » En chemin, ayant stationné à un mouillage qu'il nomma le Puerto de San-Salvador (port de Nipe selon M. Navarrete), il s'imagine entendre de la bouche des indigènes que les *vaisseaux du grand Khan* venaient y commercer.

Quand il part pour son second voyage (en 1493), l'Espagne entière partage sa croyance. Des hidalgos de haut rang, de nobles cavaliers d'Andalousie, des officiers de la maison royale, briguent l'honneur d'un poste dans l'expédition. Ils se représentaient des îles étendues, produisant en quantité indéfinie des épices et des parfums, aux montagnes pleines de filons d'or, aux côtes semées de perles. Là ils devaient, après des prouesses dignes du siège de Grenade, planter l'étendard de la croix sur les murs d'opulentes cités qui deviendraient leurs fiefs. De là ils n'auraient plus qu'une traversée de quelques jours pour atteindre les provinces chinoises de Mangi et de Cathay, convertir ou soumettre le grand Khan, faire abondante provision de gloire et de richesses. Colomb, d'un enthousiasme moins intéressé et plus religieux, mais non moins exalté, songeait à la délivrance du saint sépulcre. Il promettait au roi et à la reine « d'entretenir, pour cette sainte entreprise (du produit de ses découvertes), pendant sept ans, cinquante mille fantassins et cinq mille cavaliers, et le même nombre pendant cinq autres années. » S'il s'occupe de l'or qu'on devait ramasser par boisseaux

Michel Chevalier

dans ces terres de promission, si dans une lettre à Isabelle il dit que l'or est une chose excellente (*et oro es excelentissimo*), c'est un peu parce qu'avec cet or on tire, dit-il, les âmes du purgatoire ; c'est surtout parce que l'accomplissement de son projet politico religieux d'affranchir la Terre-Sainte dépend des trésors qu'il rapportera.

Dans cette seconde expédition, l'aspect des lieux et des hommes ne détrompe ni l'amiral ni ses compagnons. Cette fois, ayant touché la côte allongée de Cuba en un point où elle se dirige à peu près du nord au sud, il est persuadé qu'il a mis le pied sur le continent asiatique, dans la *Chersonèse d'Or*, parce que, dans ses idées de géographie, le littoral de cette Chersonèse a la même direction ; et le 12 juin 1494 il fait prêter serment à chacun des hommes de l'escadrille qu'ils ont découvert la terre ferme d'Asie.[1] Bien plus, dans son imperturbable confiance, il regrette (c'est son fils don Fernando et son ami intime Bernaldez, curé de los Palacios, qui nous l'apprennent) de ne pas avoir assez de vivres pour retourner en Espagne par l'Orient, c'est-à-dire en achevant le tour du globe, tant il tient pour certain qu'il est au cœur de la mer des Indes. « Il aurait, dit Bernaldez, doublé la *Chersonesus Aurea*, traversé le golfe du Gange et cherché une nouvelle route, soit autour de l'Afrique, soit en allant par terre à Joppé (Jaffa) et à Jérusalem. »

Cette croyance n'a jamais été ébranlée en lui. Avec une naïve crédulité, Colomb retrouve constamment dans le Nouveau-Monde tout ce que sa mémoire lui rappelle de l'Asie orientale. Semblable à quelques voyageurs modernes dont les prétendues observations ne sont dues qu'à la réminiscence des lectures par lesquelles ils se sont préparés en quittant le sol natal, il recueille avec avidité les noms qui ressemblent à ceux qu'il a puisés dans les lettres de Toscanelli, ou dans le récit de Mandeville. Ainsi le nom de la province chinoise de Mango (Mangi) le frappe plusieurs fois ; il croit tantôt qu'il y a

---

1 Dans cette pièce, la direction de la côte est citée quatorze fois comme une preuve décisive. — Voici quelques détails que donne M. de Humboldt sur cet acte de l'amiral : « Fernand Perez de Luna, *escribano publico* de la ville d'Isabella (d'Haïti), reçut l'ordre de l'amiral, le 12 juin 1494, de se transporter à bord des trois caravelles, pour demander à chaque homme de l'équipage, devant témoins, s'il leur restait le moindre doute que cette terre (Cuba) ne *fût la terre ferme au commencement des Indes et à la fin, d'où l'on pouvait venir d'Espagne par terre*. L'escribano déclarait de plus que, si quelque incertitude restait à l'équipage, on s'engageait à *dissiper les doutes et à faire voir qu'il était certain que c'était la terre ferme.* »

pris terre, tantôt qu'il est au moment d'y aborder. Une fois, pendant un mouillage, un matelot, revenant de la chasse, rapporte qu'il a rencontré des hommes vêtus de blanc, semblables à des religieux de la Merci. Ces longues figures, au nombre de trente, étaient, disait-il, armées de lances. Selon toute apparence, c'étaient, comme l'a pensé M. Irving, une bande de grues et de hérons des tropiques, hauts sur jambes comme le flamant. Aujourd'hui ces oiseaux sont appelés *soldados* par les colons espagnols, parce que, vus contre le ciel, ils ressemblent à des hommes postés en sentinelle. La poétique imagination de l'amiral prit le récit du matelot pour une preuve qu'on était dans le voisinage du *Prêtre-Jean*, pontife-roi dont Plan Carpin avait entretenu les Occidentaux, et sur lequel on avait répandu en Europe beaucoup de contes.

Rempli de souvenirs bibliques et de fragments de Ptolémée que le cardinal d'Ailly lui avait appris, il fait intervenir sans cesse dans ses lettres l'île d'Ophir (qu'il qualifie de mont Sopora), et *Aurea* ou Chersonèse d'Or, tantôt les confondant et tantôt les distinguant l'une de l'autre. Dans son quatrième et dernier voyage, il affirme que la terre de Veragua (au N.-O. de l'isthme de Panama) est cette *Aurea* des Indes. Toujours l'Asie. M. Navarrete a trouvé dans les archives du duc de Veragua, descendant et héritier de Colomb, la copie de la main de don Fernando, fils de l'amiral, d'une lettre de son père à Alexandre VI, écrite quatre ans avant sa mort ; il y est dit : « Je découvris et pris possession de quatorze cents îles[1] et de trois cent trente lieues de la terre ferme d'Asie. » Plus tard, lorsque rebuté par le roi Ferdinand, prince sans cœur, ce grand homme réduit à la misère, et nourrissant encore, malgré son âge avancé, le projet de travaux dignes de ses hauts faits antérieurs, se plaint de ce que les terres par lui découvertes « sont inabordables pour celui qui les avait refusées à la France, à l'Angleterre et au Portugal, » il les nomme les Indes. A la fin de la dernière expédition, le 7 juin 1503, écrivant de la Jamaïque, il répétait la même idée

---

1 Dans la *hoja suelta*, qui existe de la main de l'amiral, et qui a été écrite à la fin de l'année 1500, lorsqu'il rentra à Cadix chargé de fers, ces 1,400 îles sont portées à 1,700. « C'est, dit M. de Humboldt, une vague évaluation de l'*Archipel du roi et de la reine*, au sud de Cuba, évaluation qu'on pourrait croire tenir à un souvenir des 1,368 îles que Ptolémée place près de Taprobane, et que, dans la première expédition, le 14 novembre 1492, l'amiral crut déjà voir vis-à-vis de la côte septentrionale du Cuba, *en fin del oriente.* »

Michel Chevalier

que dans son second voyage il avait fait certifier par le serment de ses compagnons : que l'île de Cuba était une terre ferme du commencement des Indes, et que de là on pouvait retourner en Espagne *par terre*. Un an après, vingt-deux mois avant sa mort, il parlait comme un homme qui revient de la Chine. « J'arrivai le 13 mai dans la province de Mago (pour Mango ou Mangi, nom donné par Marco Polo à la Chine méridionale), qui est limitrophe de celle de Catayo (pour Cathay ou Kathaï, Chine septentrionale). De Ciguare, dans la terre de Veragua, il n'y a que dix journées de chemin à la rivière du Cange. » Il est donc mort, comme l'a dit M. de Humboldt, dans la persuasion qu'il avait noué le lien entre l'Europe et le vaste empire de la vieille Asie.

Loin de moi la pensée sacrilège de rabaisser Colomb en insistant sur les détails qui montrent que son but avait été d'aller en Asie, et qu'il resta persuadé jusqu'à la fin de ses jours qu'en effet il avait atteint le revers oriental de l'ancien continent. Dieu me garde de faire de l'analyse historique à la façon de ces esprits jaloux, flétris par M. W. Irving, qui, sous le prétexte de savantes recherches, vont furetant l'histoire pour ronger ses monumens et marquer d'une souillure pareille à la trace que laissent après eux des insectes impurs, les plus beaux trophées du génie de l'homme.

En se plaçant sur le terrain de la science moderne et de l'art nautique tel qu'il est aujourd'hui, on pourrait dire que le voyage de Colomb n'avait rien de miraculeux ; que c'était une exploration semblable à celles qui, de nos jours, ont été entreprises par MM. Parry, Ross, Franklin et Beechey, et même moins périlleuse ; qu'il essayait un passage aux Indes par l'ouest tout comme ces braves officiers ont tenté des passages par le nord-ouest. Mais l'astronomie et la navigation du temps de Colomb ne ressemblaient pas à celles de nos jours ; elles n'ont atteint leur perfection actuelle que par suite de la découverte du glorieux Génois. Avant Colomb, la rotondité de la terre avait été écrite dans des livres, enseignée par des philosophes, mais c'était une vérité toute de théorie, qui n'était pas passée dans la pratique. Princes et peuples, savants et ignorants, braves et poltrons, gens cloués sur la terre ferme et navigateurs, le genre humain tout entier sans exception était de fait comme s'il n'y croyait pas, car nul encore n'avait agi comme s'il y croyait. Colomb le premier fit ce solennel acte de foi. Lui, chrétien fervent, il préféra sur ce point l'autorité de Ptolémée à celle de Chrysostôme, les conseils de Toscanelli aux réprimandes d'un synode d'évêques et aux admonestations des docteurs de Salamanque. Colomb a pratiquement découvert la rotondité de la planète.

Son départ ne fut pas un coup de tête, ce fut toute une création, préparée par de longues études, mûrie par la méditation.

Colomb ne fut pas seulement un homme au génie créateur et inventif ; il fut plus grand encore à exécuter son œuvre qu'à la concevoir ou à la préparer. Il se montra alors aussi prudent qu'il avait été hardi dans ses projets. Quoique à un âge où les autres hommes songent au repos (il avait près de cinquante ans lors de son premier voyage), à bord on le voyait toujours sur pied, toujours alerte. Il prenait sa part des fatigues plus qu'un simple matelot. Il passait les nuits sur le pont, attentif aux signes du ciel et des flots, veillant pour tous sur ce navire qui portait une plus imposante fortune que celle de César. Et c'est ainsi qu'il vit le premier la terre, et gagna, outre la vice-royauté et l'amiralat, la pension de trente couronnes[1] promise par les souverains à celui qui l'apercevrait.

Il se croyait guidé par la main de la Providence ; mais ce n'était point de cette foi aveugle, sœur d'un fatalisme hébété qui s'en remet à Dieu pour toute chose et croit hors de propos de prévoir. Il avait songé à tout, il savait parer à tout, et il montra dans l'affaire de l'éclipse à quel point il était, fécond en expédients et comment il savait les manier.

Colomb était nourri d'une théologie scolastique, et cependant très apte au maniement des affaires. Il était instruit autant qu'on pouvait l'être alors, quoique, en géométrie, il associât volontiers la vérité et l'erreur. On le regardait en Espagne comme « *gran teorico y mirabilmente platico.* » M. de Humboldt, à qui personne ne contestera le droit de prononcer des arrêts pour tout ce qui est du domaine des sciences naturelles, admire « la pénétration et la finesse extrêmes avec lesquelles il saisissait les phénomènes du monde extérieur. » « Colomb, ajoute-t-il, est aussi remarquable comme observateur de la nature, que comme intrépide navigateur. » Suivant cette autorité illustre, la découverte importante de la déclinaison magnétique et celle plus difficile encore des variations

---

1 Ou 39 piastres d'or, équivalant à 117 piastres (624 francs) de nos jours.

Michel Chevalier

que subit cette déclinaison quand on passe d'un lieu à un autre, lui appartiennent[1] *à n'en pas douter*, et il en tira des déductions hardies d'une grande portée et d'une exactitude parfaite. Il connaissait avant Pigafetta le moyen de trouver la longitude par les différences d'ascension droite des astres.[2]

1 Colomb fut au moins le premier *Européen*, qui s'aperçut de cette déclinaison, la constata et l'étudia ; car, comme renseignement sur la Chine à l'appui de ce que nous avons dit, il n'est peut-être pas inopportun de rappeler ici que, quatre siècles au moins avant Colomb, les Chinois avaient découvert de leur côté la déclinaison de l'aiguille aimantée, c'est-à-dire sa déviation de la direction du pôle terrestre. Les belles recherches que M. Klaproth a faites à la demande de M. de Humboldt ont parfaitement établi ce point de l'histoire des sciences. Les termes de l'auteur chinois, cité par M. Klaproth, indiquent même la connaissance des variations de cette déclinaison.

2 voici un extrait de *l'Histoire de la Géographie du nouveau continent*, qui donnera une idée des titres scientifiques de Colomb.
« Arrive sous un nouveau ciel et dans un monde nouveau, ainsi qu'il l'écrit à la nourrice de l'infant don Juan, la configuration des terres, l'aspect de la végétation, les mœurs des animaux, la distribution de la chaleur, selon l'influence de la longitude, les courans pélagiques, les variations du magnétisme terrestre, rien n'échappait à sa sagacité. Recherchant avec ardeur les épiceries, de l'Inde et la rhubarbe, rendue célèbre par les médecins arabes, par Rubruquis et les voyageurs italiens, il examine minutieusement les fruits et le feuillage des plantes. Dans les conifères, il distingue les vrais pins, semblables à ceux d'Espagne, et les pins à fruit monocarpe : c'est reconnaître avant L'Héritier le genre Podocarpus.
« Colomb ne se borne pas à recueillir des faits isolés ; il les combine, il cherche leur rapport mutuel, il s'élève quelquefois avec hardiesse à la découverte des lois générales qui régissent le monde physique. Cette tendance à généraliser les faits d'observation est d'autant plus digue d'attention, qu'avant la fin du XVe siècle, je dirais presque avant le père Acosta, nous n'en voyons pas d'autre essai. Dans ses raisonnemens de géographie physique, dont je vais offrir ici un fragment très remarquable, le grand navigateur, contre sa coutume, ne se laisse pas guider par des réminiscences de la philosophie scolastique ; il lie par des théories qui lui sont propres ce qu'il vient d'observer. La simultanéité des phénomènes lui paraît prouver qu'ils ont une même cause. Pour éviter le soupçon de substituer des idées de la physique moderne aux aperçus de Colomb, je vais traduire bien littéralement un passage de la lettre du mois d'octobre 1498, datée d'Haïti : « « Chaque fois que je naviguai d'Espagne aux Indes, je trouvai, dès que j'étais arrivé à cent lieues à l'ouest des îles Açores, un changement extraordinaire dans le ciel (dans les mouvemens célestes) et dans les étoiles, dans la température de l'air et dans les eaux de la mer. Ces changemens, je les ai observés avec un soin particulier ; je remarquai que les boussoles, qui jusque-là variaient au nord-est, se dirigeaient un quart de vent (probablement le quart des huit vents de la boussole ou 11°1/4) au nord-ouest, et traversant cette bande comme une côte (le penchant d'une chaîne de montagnes, *como quien traspone una cuesta*), je trouvai la mer tellement couverte

En même temps, il était habile à lire dans le livre le plus difficile à déchiffrer, dans les replis du cœur humain, comme dans la marche des corps célestes et dans les phénomènes de la nature terrestre.

Plein à la fois d'enthousiasme et de réserve (l'historien Oviedo fait remarquer qu'il était *cauto*), d'ardeur et de patience, calme dans le succès, courageux et tranquille dans l'adversité, il porta avec une égale noblesse les fers dont l'infâme Bobadilla chargea ses mains augustes, et les insignes de grand-amiral ou la pompe des vice-rois. Il est beau à contempler, le 12 octobre 1492, lorsqu'il descend dans sa chaloupe, revêtu d'un riche costume écarlate, et que, tenant l'étendard royal, ayant à ses côtés les deux frères Pinzon, il va baiser la terre de Guanahani et recevoir sur ce domaine le serment d'obéissance de ses compagnons. Mais je l'admire plus

---

d'une herbe qui ressemblait à de petites branches de pin chargées de fruits de pistachier, que nous pensions, à cause de l'épaisseur de l'algue, que nous étions sur un bas-fond, et que les navires allaient toucher par manque d'eau. Cependant, avant d'atteindre la bande (*raya*) que je viens d'indiquer, nous ne rencontrâmes pas une tige d'herbe. A cette même limite (cent lieues à l'ouest des Açores), la mer devint unie et calme, puisqu'aucun vent de quelque force ne l'agite. — Quand je vins (dans mon troisième voyage) d'Espagne à l'île de Madère, et de là aux Canaries, et des Canaries aux îles du Cap-Vert, je me dirigeai vers le sud jusqu'à la ligne équinoxiale (le fils de Colomb dit qu'on n'avança que jusqu'au 5° de latitude boréale). Me trouvant sous le parallèle qui passe par la *Sierra-Leoa* (sans doute *Sierra-Leone*), j'eus à souffrir une si horrible chaleur, que le vaisseau paraissait brûlant ; mais ayant franchi vers l'ouest la bande que j'ai indiquée, on changea de climat ; l'air devint tempéré, et cette fraîcheur augmenta à mesure que nous allions en avant. »

« Ce long passage, dans lequel j'ai conservé le caractère du style franc et simple, mais diffus, de Colomb, renferme le germe de grandes vues sur la géographie physique. En y ajoutant ce qui est indiqué dans d'autres écrits du même navigateur, ces vues embrassent : 1° l'influence qu'exerce la longitude sur la déclinaison de l'aiguille ; 2° l'inflexion qu'éprouvent les lignes isothermes en poursuivant le tracé des courbes depuis les côtes occidentales d'Europe jusqu'aux côtes orientales d'Amérique ; 3° la position du grand banc de Sargasso dans le bassin de l'Océan atlantique, et les rapports qu'offre cette position avec le climat de la portion de l'atmosphère qui repose sur l'Océan ; 4° la direction du courant général des mers tropicales ; 5° la configuration des îles et les causes géologiques qui paraissent avoir influé sur cette configuration dans la mer des Antilles.

Mais l'amiral n'eut pas seulement le mérite de trouver *la ligne sans variation* dans l'Atlantique, il fit dès-lors aussi la remarque ingénieuse que la déclinaison magnétique pouvait servir à obtenir (entre de certaines limites) la longitude du vaisseau, etc. » (*Histoire de la Géographie du nouveau continent*, tome III, passim, de la page 21 à la page 39.)

Michel Chevalier

encore lorsqu'en 1484, à son arrivée du Portugal en Espagne, allant pauvrement à pied et tenant par la main un jeune garçon, il s'arrête à la porte du couvent de Santa-Maria de Rabida, avec le calme et la tranquillité de l'homme supérieur à sa fortune, qui ne doute jamais de sa haute mission, et qu'il demande au portier un peu de pain et d'eau pour son enfant, lui qui apportait un monde au souverain de Castille, et qui venait expressément pour l'offrir.

Son attitude était empreinte de la majesté à laquelle le poète dit qu'on reconnaît les habitants de l'Olympe. Sa physionomie offrait cette sérénité qui signale leurs chefs aux simples mortels. Né pour le commandement, il avait dans l'esprit les ressources qui le rendent léger à qui l'exerce, dans le cœur cette crainte de Dieu et cet amour des hommes qui le font chérir de ceux sur qui il est exercé. Il y a de lui un mot qu'oublièrent trop souvent les *conquistadores*, que l'héroïque Isabelle eut constamment présent, dont les *leyes de las Indias* ont porté profondément l'empreinte, malgré ce qu'ont pu dire les détracteurs de l'Espagne : il recommandait qu'on ménageât les indigènes, parce que, disait-il, « c'est la richesse de l'Inde. »

C'était un grand esprit, une belle âme, un cœur généreux et bon.

Colomb est une de ces figures rares dans l'histoire, à l'aspect radieux et noble, qu'on aime autant qu'on les admire, qui consolent et rassurent autant qu'elles inspirent le respect et qu'elles frappent par la grandeur de leurs proportions ; une de celles qui sont le plus particulièrement dignes du culte des peuples modernes. Partagés entre leur antipathie contre le passé et la terreur d'autres cataclysmes, préoccupés de l'attente d'immenses évènements dont les signes sont dans l'air, agités d'infaillibles instincts qui leur annoncent un *novus ordo*, mais lassés de perturbations et repoussant la violence, qu'on leur avait recommandée et qu'ils avaient acceptée, comme le plus sûr moyen de hâter la venue de cet ordre nouveau qu'ils désirent, dégoûtés d'une philosophie qui enseigné la haine et sème la défiance et la guerre, les peuples maintenant ont besoin de reposer leurs regards sur des types à la fois puissants et bons, réparateurs et rénovateurs.

Comme l'a très bien senti l'historien de Colomb, M. W. Irving, c'est diminuer l'expression d'un éloge que de l'exagérer. Disons-le donc sans détour, Colomb reflétait en lui les bizarreries du moyen-âge avec tout ce que cette époque avait de plus beau et de plus pur. Son imagination était parfois déréglée, mais c'est à cette imagination qu'il dut sa force. L'imagination donne la foi, et Colomb en eut besoin dans son œuvre colossale. C'est elle qui fait éclore les grandes pensées et les grandes actions. Au service d'une âme vulgaire ou d'un cœur pusillanime, l'imagination est un don funeste à celui qui l'a reçue, plus fatal encore à ceux qui l'entourent. Unie à une intelligence élevée et clairvoyante, à un cœur magnanime, elle enfante les plus nobles passions, et il n'y a que des hommes passionnés qui fassent du sublime ; la faculté de souffler autour d'eux l'enthousiasme et la conviction a été réservée pour eux seuls. L'imagination est l'attribut le plus distinctif de cette race privilégiée que le peuple prédestiné appelait prophètes, que le peuple-roi qualifiait de *vates*, c'est-à-dire de poètes par excellence. Elle perçoit dans les objets de la création, dans les phénomènes du monde physique et dans les évènements de l'histoire, dans l'esprit et dans la matière, des rapports trop déliés pour être perçus par un autre sens. Elle devine l'homme et la nature ; elle montre des chemins au bout desquels sont de brillantes découvertes dont elle-même n'a qu'à demi le secret, parce qu'elle les a seulement entrevues à la lueur d'un fugitif éclair que Dieu a lancé dans l'atmosphère pour elle seule. L'imagination, a dit un habile critique,[1] « est la colonne demi-obscure et demi-lumineuse qui guide la caravane humaine dans les déserts de l'intelligence ; » nous ajouterons : et dans les défilés escarpés et tortueux de la civilisation. C'est en vain que médisent de l'imagination ceux qui n'en ont que pour nouer d'égoïstes intrigues. De tous les trésors dont dispose la Providence, c'est le plus précieux peut-être et le plus éclatant à coup sûr ; mais aussi c'est le plus lourd à porter, celui qui fait trébucher le plus infailliblement les mandataires à qui Dieu avait fait la grace de le confier, s'ils cessent d'être sur leurs gardes, si leur esprit s'endort, si leurs généreuses sympathies s'amollissent. C'est celui qui attire les traits les plus acérés de l'envie, qui lui fait distiller ses poisons les plus subtils. C'est celui que par instants la foule se plaît le plus à outrager. Nul autre n'a produit pour le genre humain, par l'intermédiaire des hommes d'élite qui l'ont eu en partage, autant de gloire et de bonheur, et pour eux-mêmes autant de souffrances et

---

1 M. Magnin, *Revue des Deux Mondes* du 1er juin 1840, pag. 737.

Michel Chevalier

d'angoisses ; car cette flamme qu'ils ont au front et dont le vulgaire ne peut leur pardonner l'éclat, ne la leur enviez pas elle est l'indice d'un feu intérieur qui les dévore !

Si Colomb fût parti pour découvrir un nouveau continent dont aucun indice ne révélait l'existence aux peuples chez lesquels il avait passé sa laborieuse vie,[1] il n'eût été qu'un heureux aventurier. Colomb poursuivait, avec une persévérance qu'on ne saurait trop admirer, une confiance qui émeut, une vigueur qui, dans l'antiquité, l'aurait fait classer parmi les demi-dieux, une pensée qui lui apparaissait justement comme devant exercer l'influence la plus bienfaisante et la plus étendue sur les destinées du genre

---

1 Il est incontestable aujourd'hui que d'autres Européens avaient vu et touché l'Amérique avant Colomb. Des le Xe siècle, des aventuriers scandinaves avaient été poussés par les vents, par l'amour du péril, par l'esprit de conquête, dans le Groënland, qui appartient au nouveau continent, et que M. de Humboldt appelle la Scandinavie insulaire de l'Amérique. La distance du Groënland au nord de l'Écosse n'est que de 269 lieues marines de 15 au degré ; par un vent frais de nord-ouest, ce serait un voyage de quatre jours. Les expéditions des missionnaires se joignant à celles des guerriers, plusieurs établissemens furent fondés dans le Groënland ; l'Islande servait de station intermédiaire pour s'y rendre. De là, en 985 ; l'islandais Biarn Herjolfson, qui allait dans le Groënland rejoindre son père, fut chassé, par un vent violent de nord-est, sur le continent américain. De retour chez son père, Biarn exécuta avec quelques compagnons une expédition lointaine, dans laquelle ils touchèrent, l'an 1001 ou 1005, successivement dans diverses parties de l'Amérique du Nord, qu'ils appelèrent Hallyland, Markland et Vinland. Ce dernier pays fut ainsi nominé à cause de l'abondance des raisins sauvages qui s'y trouvèrent. En examinant attentivement les indications de la longueur du jour dans les différentes sagas, on en a conclu que les contrées visitées alors par les Normands étaient situées entre les parallèles de 41° et 50°, ce qui correspond à la côte qui s'étend de New-York à Terre-Neuve, côte sur laquelle vivent plus de sept espèces de vigne. Il paraît même que ces vaillans hommes du Nord s'avancèrent beaucoup plus loin au midi. Quelques postes, quelques villages peut-être furent construits par eux, au moins dans le Vinland. On a retrouvé récemment des inscriptions runiques qui constatent leur passage et leur séjour sur divers points du continent américain. Mais vers le milieu du XIIe siècle, tout souvenir du Vinland disparaît de l'histoire ; plus tard, les établissement du Groënland eux-mêmes furent ruinés et abandonnés. Quoique Colomb eût navigué au nord, dans les parages de l'Islande, rien ne porte à croire qu'il y ait recueilli des données propres à le guider ou à l'encourager dans son entreprise. Il y a lieu de penser que, grace aux efforts des savans du Danemark, notre époque est infiniment mieux informée sur cette découverte anticipée du Nouveau-Monde qu'on ne l'était du temps de Colomb, non-seulement dans la péninsule ibérique, où l'on n'en savait pas un mot, mais même dans la presqu'île scandinave et ses dépendances, où il paraît que dès-lors elle était oubliée.

humain, celle de la jonction, de l'association, de le fusion, sous une même loi et une même foi, des deux massifs de la famille humaine, qui, alors comme de nos jours, siégeaient, en se tournant le dos aux deux extrémités de l'ancien continent, séparés par un immense espace, par des déserts, par des peuples barbares, et dont l'un occupe de plus aujourd'hui un nouveau monde que Colomb lui a donné. Cette pensée était si vaste, si difficile à réaliser, que trois siècles et demi après lui, elle reste encore à accomplir, et qu'elle n'est même pas tout-à-fait sortie du domaine de la politique purement contemplative. En supposant que jamais elle se réalise pleinement et sans réserve, jusque-là elle suffira encore à la gloire de plus d'une pléiade de grands hommes. Elle est de notre temps, et sera, bien après que nous tous, qui vivons maintenant, serons oubliés, la plus gigantesque qui puisse être caressée par les rêves d'un homme d'état comme par l'ambition d'un conquérant, par l'âme de l'homme religieux comme par la pensée du philosophe, par l'esprit du savant comme par les calculs de l'industriel, par les espérances du novateur le plus audacieux comme par la sollicitude prudente et conservatrice des amis de l'ordre universel.

La mesure la plus exacte de l'importance des évènements humains est celle que donnent le nombre et la valeur des hommes dont ils embrassent l'existence. De ce point de vue, l'association de la civilisation occidentale avec l'Orient extrême serait le plus grand hait qui se fût jamais passé sur la terre.

Partie IV
Comment la même pensée se présente aujourd'hui avec de puissants moyens d'exécution

La pensée qui animait Colomb revient aujourd'hui s'offrir de nouveau à l'Europe : je devrais dire s'imposer.

Si l'on compare l'Europe moderne à celle d'il y a trois cent cinquante ans, on reconnaîtra sans peine que l'état de crise est aujourd'hui plus caractérisé encore ; que nous sommes, plus que les contemporains de Colomb, en pleine eau de rénovation ; que le travail moral, intellectuel et matériel auquel la société est en proie, est plus violent, plus actif, plus général qu'alors. L'espace

Michel Chevalier

sur lequel ce travail s'opère est plus vaste, car l'Europe entière y participe, et l'Amérique en est tourmentée d'un pôle à l'autre. Au sein de chaque pays isolément, la quantité de mouvement, pour me servir de l'expression consacrée par la mécanique rationnelle, est beaucoup plus considérable ; il n'y a pas une molécule sociale qui n'y ajoute son *moment*, parce que l'évolution est éminemment démocratique, et elle ne l'était pas il y a trois siècles. Chez chaque individu, l'agitation, les passions, les espérances, les appétits, sont ce qu'ils étaient alors chez quelques-uns seulement. Si, pour offrir aux peuples une occupation digne d'eux et proportionnée à leur élan, à leur énergie, il fallut alors leur livrer un nouveau monde où, à vrai dire, il n'y avait rien à vaincre qu'une nature inanimée, rien à transformer que le monde physique, sera-ce trop, sera-ce assez pour l'Europe moderne qu'une arène où son activité pourra s'exercer sur des populations plus nombreuses que les siennes propres ? Un nouveau continent presque désert suffit[1] à absorber la vie débordante de nos pères. Il faut plus aux peuples modernes ; si le but tant souhaité par eux, l'extrême Orient venait à nous échoir, nous y trouverions non-seulement de nouvelles terres (car de quels archipels l'ancien continent n'est-il pas entouré du côté de l'est ?) mais une nouvelle humanité, c'est-à-dire tout ce qu'il y a de plus délicat à manier et de plus difficile à pétrir, quand on répudie les traditions brutales avec lesquelles en effet l'Europe a définitivement rompu ; tout ce qu'il y a de plus glorieux à perfectionner, tout ce qui paie avec le plus d'usure les soins qu'on y donne.

En vérité, on ne voit pas quel autre objet répondrait complètement à l'attente de grands évènements qui tient les têtes en ébullition, à l'étendue des forces qui sont là, frémissant de l'impatience d'être mises en œuvre.

Cela peut être traité d'utopie et de rêve. Rêve, soit. Tout songe est un mensonge, mais tout rêve n'est pas songe, et celui-ci n'est pas bâti en l'air, dans les nuages ; il repose sur les traditions du genre humain, sur ses tendances révélées par l'histoire, sur ses besoins présents.

L'Europe ne manquera pas de donneurs d'avis parfaitement intentionnés, pleins de philanthropie et de lumières, qui seront

1 Il serait peut-être plus exact de dire qu'il n'y suffit pas complètement, puisque cette découverte ne fit pas cesser les guerres en Europe.

empressés à lui représenter qu'elle a mieux à faire de son temps, de sa peine ainsi que de son sang, car on n'abaissera pas sans un choc sanglant les barrières qui nous séparent des peuples de l'Orient extrême. Ils lui peindront les douceurs d'une vie paisible, honnête et rangée, le calme du mouvement social et les jouissances du bonheur domestique, chez une nation régulièrement ordonnée qui renonce à courir les aventures et à poursuivre au loin des projets ambitieux, pour se vouer au soin de se perfectionner et de se polir. « Chacun chez soi, diront-ils ; concentrons nos efforts sur nous-mêmes ; n'avons-nous pas carrière suffisante entre nos frontières ? quelle ample moisson de bien-être, d'opulence, de gloire peu flamboyante peut-être, mais solide et durable, s'offre sur notre sol, à nos pieds ! Il n'y a qu'à se baisser pour la cueillir : hors de là tout est fumée et déception. » Ils conseilleront aux gouvernements de se vouer exclusivement à favoriser les entreprises matérielles, à multiplier les travaux publics, à instituer ici des banques, là des écoles ; à encourager l'industrie sous sa triple forme, agricole, manufacturière et commerciale, à organiser le travail afin de donner de la sécurité aux travailleurs et de leur inspirer de la dignité. Ils remontreront qu'à ce prix l'exaltation des populations se tempérerait, l'ordre de plus en plus ébranlé irait se raffermissant, la moralité publique de plus en plus compromise se restaurerait, et que bientôt on verrait se dissiper les nuages qui assombrissent l'horizon européen.

Il y a sur ce thème de bons et utiles enseignements à adresser à l'Europe ; on ne les lui épargnera pas : elle les trouvera parfaitement judicieux, elle y applaudira ; mais si elle les suit, et j'espère bien qu'elle ne les dédaignera point, ce ne sera qu'à demi. Lorsque Cynéas, beau diseur, profond philosophe et ami sincère, exhorta Pyrrhus à mettre fin à ses courses téméraires et à savourer sans plus de délai le repos dont il se proposait de jouir au terme de ses conquêtes, le roi trouva, j'en suis convaincu, que son conseiller s'exprimait en homme du plus grand sens ; mais il le laissa dire et fit comme devant. L'Europe est moins inaccessible aux sages avis. Elle réalisera donc chez elle plusieurs des améliorations qui lui seront recommandées, lorsque la convenance et l'efficacité lui en auront été prouvées ; mais elle ne saurait consentir à s'enclore dans son territoire. Nous ne sommes pas gens à bâtir autour de nous des

Michel Chevalier

murailles de la Chine ; loin de là, nous ne voulons pas permettre que les autres en bâtissent, et nous prétendons démolir celles qu'ils auraient érigées. Se mêler des affaires d'autrui, intervenir chez le prochain, régenter le monde par la parole et par la force, tantôt par des actes individuels, tantôt par des démonstrations des gouvernements, ici par des négociations diplomatiques, ailleurs à coups de canon, c'est pour la nature européenne un besoin impérieux auquel elle n'est pas libre de ne pas céder, car les peuples comme les individus luttent en vain contre leur tempérament. Peut-être serions-nous plus heureux si nous étions autres : cela peut se soutenir par de bonnes raisons. L'homme qui sait le mieux se contenir est aussi celui qui sait le mieux se contenter. Celui dont les pensées et les désirs ne connaissent pas de limites a aussi des passions sans frein ; il est livré aux mêmes labeurs, aux mêmes soucis que le navigateur qui doit gouverner un frêle navire sur une mer où les courants se croisent impétueux, où les vents se heurtent avec violence. Mais telles sont les nations européennes, tels furent les peuples anciens dont nous dérivons et dont nous continuons la tâche sur la terre, tels nous devons être longtemps ; car, sans méconnaître la bonté suprême de la Providence, on peut penser que c'est son aiguillon qui nous pousse en avant, et qu'il ne cessera de nous mener haletants d'escalade en escalade, de précipice en précipice, de climats en climats, de continent en continent, que lorsque nous serons au bout de l'œuvre qui nous a été assignée, celle de dérouler et de sceller tout autour de la planète, à travers les plus formidables obstacles, les anneaux d'un cercle d'harmonie et de fraternité universelle, et de souder à jamais l'un à l'autre les deux extrêmes, l'alpha et l'oméga, l'Orient et l'Occident.

On ne décidera pas l'Européen à se clore dans le foyer domestique, ou même dans le foyer de la patrie. Il lui faut une vie publique autant qu'une vie privée ; il doit se sentir acteur, père noble, jeune premier, ou comparse, dans un drame, et il faut que dans ce drame soient en jeu les destinées de la patrie, du genre humain. Et qu'est-ce donc, sinon la preuve que l'Europe est la dépositaire des destins de l'humanité ?

Je ne veux certes point décrier ce que ma faible voix a vanté autant qu'il lui était possible. Je ne veux point médire des chemins de fer, des canaux et autres travaux publics, des améliorations matérielles et positives en général : ce que j'ai adoré, je ne le brûle pas, je l'adore encore. Chez nous, le gouvernement de 1830 a fait de ces perfectionnements beaucoup plus que ceux qui l'avaient précédé. Il n'en a point fait assez cependant. Il le leur a pas imprimé ce cachet de généralité et de grandeur que le Français affectionne. Il n'a pas su les coordonner, les conduire avec unité et ensemble. En somme, à cet égard, son entreprise dirigée à bâtons rompus par des ministères constamment menacés de mort, sous les auspices de chambres trop disposées à confondre l'épargne avec l'économie, à travers mille soucis, mille exigences des partis, a été incomplète et quelquefois mesquine. Cependant elle n'a été sans fruit ni pour le pays ni pour le prince. Elle a augmenté la prospérité nationale, elle a valu au gouvernement les suffrages et l'adhésion sincère des classes commerçantes et industrielles. Continuée sur des proportions plus larges et avec plus de perfection, unie à un vaste plan d'organisation du travail et des travailleurs de tous les ordres, elle procurera au pouvoir un peu de cette stabilité qu'il cherche avec anxiété et qu'il ne trouve pas. La politique des intérêts matériels assurera aux classes pauvres le bien-être qu'elles désirent, qu'elles méritent, qu'elles se savent fondées à revendiquer en échange de leurs sueurs qu'elles prodiguent. Elle seule fermera la bouche aux adversaires du régime monarchique, qui promettent aux masses populaires des satisfactions devenues chères à tous, et qui, à l'appui du système républicain, tracent le brillant tableau de l'aisance dont jouissent l'ouvrier et le paysan dans les états de l'Union américaine. Chez nous, qui avons une dynastie nouvelle, assise sur un trône dressé par le bras populaire, elle est plus qu'ailleurs une nécessité et un devoir.

Ceci est donc bien entendu, tout Européen doit vouloir les améliorations positives. C'est de la politique telle qu'il est indispensable d'en faire, de celle à laquelle, doivent prêter leur concours dévoué tous ceux qui aiment l'humanité, tous ceux qui veulent que le sentiment de fraternité gravé lentement dans les cœurs par le christianisme, et maintenant en train de s'introduire partout dans les lois sous le titre d'égalité, devienne un gage de bonheur privé et de prospérité publique, et non le provocateur de bouleversements affreux.

Ne nous exagérons pourtant pas la portée de la politique des

Michel Chevalier

intérêts positifs, à l'égard de la crise qui tourmente et ébranle jusque dans ses fondements la société européenne en général et particulièrement la France. L'élément passionnel (qu'on me passe ce barbarisme) est extrêmement développé en Europe. A ces passions il faut un aliment ; or, jamais vous ne passionnerez l'Europe pour les travaux publics, celle de toutes les améliorations positives qui est le plus en évidence et qui frappe le plus le sens vulgaire, ni pour l'industrie en général. Jamais, en Europe, la tendance industrielle ne deviendra, pour un long intervalle au moins, enthousiaste et fébrile. Et cependant il faut à l'Europe, à la France spécialement, de l'enthousiasme ; elle ne saurait s'en passer non plus que du pain quotidien. Il lui faut même, en vérité, quelques accès de fièvre.

C'est un mal, dira-t-on. — Cela se peut, quoique, fièvre à part, je croie le contraire ; mais c'est un fait que vous ne changerez pas et qu'il faut accepter. Vous ne sauriez faire que l'amour du bien-être matériel suffise à la tête et au cœur des nations de l'Europe. Elles sont d'une trop noble essence pour que l'acquisition de la richesse ou l'épicuréisme, fût-il relevé par l'éclat des arts, excite en elles de longs ravissements, leur inspire de vives sympathies autrement que pour un instant passager. Elles font cas des améliorations matérielles, parce que, voulant le progrès de la civilisation, elles en doivent vouloir le matériel, sans lequel ce progrès serait une fiction, une ombre sans substance ; mais le souci de ce matériel ne saurait absorber leurs facultés, si ce n'est pendant des entr'actes. Les classes auxquelles la matière fait le plus défaut, les pauvres, entendent moins que les autres peut-être y consacrer leur existence entière. Le culte absolu de la matière, l'apothéose exclusive de l'industrie, auraient pour les peuples de l'Europe mille dangers. Malheur aux natures puissantes qui sont réduites à une tâche trop au-dessous de leurs forces, et à une pensée qui ne saurait s'étendre sur tous les lobes de leur cerveau ! Au bras d'un vigoureux athlète donnez un disque pesant, sinon le disque, au lieu de frapper le but, ira s'égarer et se perdre au loin. Si l'on réussissait à emprisonner les peuples de l'Europe dans le cercle des intérêts positifs, s'ils essayaient d'en faire l'objet unique de leur forte intelligence et de leurs énergiques passions, vous les verriez convertir le bien-être en d'immenses orgies et les affaires en un colossal agiotage, se vautrer dans le bourbier d'un sensualisme effréné, se dégrader par une cupidité monstrueuse. On sait ce qui arriva aux Romains lorsqu'ils eurent fermé sur eux les portes de l'empire.

Sans doute, la politique industrielle, quoique elle mette la matière en jeu, ne saurait, sans injustice, être absolument taxée de matérialisme, car elle se lie étroitement aux intérêts moraux du genre humain. Dans l'industrie organisée, comme elle tend à l'être en se dérobant aux habitudes anarchiques qu'elle a dû momentanément subir sous le régime de la concurrence illimitée, le travail doit être éminemment propre à moraliser l'homme, et c'est, en vérité, le seul agent de moralisation auquel il semble possible de s'adresser avec quelque chance de succès dans le moment présent. Pour les classes les plus nombreuses, auxquelles il serait insensé de ne pas faire une large part désormais dans tous les programmes de gouvernement, le bien-être que l'industrie procure est la sanction nécessaire de la liberté. Tant que les ouvriers des champs et des villes seront enchaînés à la misère, leur émancipation sonnera creux ; la souveraineté dont on les affuble sera une dérision amère. Au sein de chaque pays, le perfectionnement moral et intellectuel de l'immense majorité des hommes, aussi bien que l'adoucissement de leur condition physique, exige absolument le progrès de l'industrie agricole, manufacturière et commerciale. Un peuple qui se clorait chez lui, pour n'être point dérangé dans ses entreprises d'améliorations positives, se trouverait donc, lui aussi, servir la cause de l'intelligence et de la moralité humaine, et celle de la liberté. Ce n'est pourtant pas une raison pour que l'Europe demeure chez elle ; car, si elle essayait de s'y tenir, elle n'y serait ni satisfaite ni tranquille. Pour elle, il n'y a désormais de tranquillité intérieure ni de satisfaction possible qu'à la condition de répandre au dehors les flots qui grondent entre ses frontières.

Les Européens, peuples et individus, vivent au moins à moitié en dehors. Leur *moi*, répétons-le, ne peut se replier sur lui-même. Il ne saurait se dispenser d'une action sur le *non-moi*, et cette action a presque toujours pour accompagnement ou pour mobile un sentiment de lutte ou de rivalité, qui, dans le passé, s'est révélé quelquefois sous la forme d'émulation, qui, dans l'avenir, il faut l'espérer, aura le plus souvent ce caractère, mais qui, depuis l'origine des temps jusqu'à nous, s'est presque toujours manifesté sous l'aspect d'une haine violente et sanguinaire. Le besoin d'agir

Michel Chevalier

sur le *non-moi* et celui de joûter jouent le plus grand rôle dans leur organisme et dans leur existence, et sont parmi les traits principaux de leur physionomie et de leur tempérament. C'est leur faible, comme diraient des moralistes timorés. C'est leur fort, diraient d'autres plus osés, plus intelligents de la nature humaine, plus confiants dans la sagesse divine. C'est par là que la Providence les saisit pour les pousser en avant et pour brasser ensemble toutes les fractions de l'humanité, préparant ainsi, par les mains de l'homme, l'unité harmonieuse de la civilisation. C'est par là que leurs chefs les mènent. Souvent c'est, avant tout, pour assurer leur suprématie au dehors, pour atteindre et dépasser leurs rivaux, ou pour frapper un coup décisif sur l'étranger, qu'ils réalisent des améliorations dans leur sein. Ils vivent tant d'une vie extérieure, que quelquefois c'est simplement le désir de gagner les applaudissements du dehors qui règle leurs actes de politique intérieure et d'administration intime, car nous sommes bien de la même souche qu'Alexandre qui, au plus fort de ses victoires, s'écriait : Que ne fait-on pas, ô Athéniens, pour mériter vos éloges ! Nous, Français, nous n'avons réalisé nos plus beaux perfectionnements administratifs que lorsque nous nous sommes sentis stimulés par l'aiguillon de la guerre. C'est à un sentiment guerrier que nous devons notre centralisation, par exemple. Ces jours-ci, les chambres ont voté deux lois importantes, l'une en faveur des chemins de fer, l'autre pour la création de paquebots à vapeur transatlantiques. Quel a été l'argument le plus décisif, celui qui a fait tomber dans l'urne les boules blanches ? Dans un cas, le développement qu'ont acquis les chemins de fer chez les peuples voisins et la crainte d'être montrés au doigt comme une nation arriérée ; dans l'autre, la volonté de faire concurrence à l'Angleterre sur les plages du Nouveau-Monde, et, en cas de guerre maritime, de lui montrer qu'elle se dit en vain la maîtresse des mers.

L'industrie est un combat contre la matière brute, combat toujours honorable pour l'espèce humaine, audacieux et imposant quelquefois. Par elle, l'homme triomphe du monde physique, asservit la nature et la ploie à son usage comme un docile esclave, instrument de son bien-être. Mais ce ne serait point assez pour satisfaire le besoin de lutter qui est dans le cœur des Européens, pour assouvir leur soif de domination. Il leur faut un adversaire, un obstacle, un sujet d'activité qui se présente sous la forme humaine. S'il était vrai des nations européennes que désormais l'industrie pût capter tout leur bien-être, et si en conséquence elles se bornaient au soin du chez soi, c'est que la primauté passerait à d'autres, et qu'elles-mêmes, déposant le mandat qui leur avait été confié, donneraient leur démission ; c'est qu'elles auraient dégénéré. La civilisation à laquelle nous appartenons est tenue à s'épandre et à agir autour d'elle. Ses coryphées ne sauraient s'arrêter pour se consacrer à parer leur demeure et pour faire leur lit. Le mot d'ordre, marche ! marche ! a été dit pour eux.

Nous donnons dans l'Algérie une preuve péremptoire de la nécessité absolue de fournir de l'aliment, tant bien que mal, au besoin d'action extérieure qui nous tourmente de même que les autres nations de l'Europe. On ne peut raisonnablement s'expliquer que par là notre persévérance à retenir Alger au prix de tant d'argent et de tant de sang. Ce serait la plus insigne des folies que d'avoir consacré à l'Algérie de pareilles sommes et un sang si précieux, s'il ne s'agissait que de nous approprier et de mettre en culture la lisière, de valeur assez douteuse, au dire de bons juges, qui est comprise entre le pied de l'Atlas et la mer. Nous avons dans notre Corse trop oubliée, dans les Landes, dans la Sologne, dans la presqu'île de la Camargue, et sur d'autres points de l'antique sol français, de vastes espaces qui, à dix fois moins de frais, eussent rendu des produits plus beaux que tout ce que paraît devoir de longtemps rapporter la ci-devant Régence. Comme affaire d'intérêt matériel, du point de vue du doit et avoir, notre entreprise au nord de l'Afrique est insoutenable. Considérée comme ayant pour but d'accorder une certaine satisfaction à un sentiment très vif dans le pays, celui de révéler extérieurement notre existence dans le monde, elle se conçoit, elle se motive, elle se justifie.

Le besoin d'action extérieure qui anime chacun des peuples de l'Europe s'est témoigné par de vastes entreprises lointaines : telle fut l'éruption des croisades qui dura deux siècles, tel a été l'envahissement de l'Amérique ; mais le plus souvent il s'est déployé dans des déchirements européens. Aujourd'hui un heureux changement s'opère ; une révolution éminemment favorable à la paix intérieure est en train de s'accomplir dans la politique européenne. La communauté des idées et des sentiments, la

Michel Chevalier

solidarité des intérêts, la facilité croissante des relations d'un bout de l'Europe à l'autre, ont fait des nations qui l'habitent une grande famille. Peut-être serons-nous encore témoins, en Europe, de quelque choc affreux ; mais certainement, si la guerre éclatait, elle serait de très courte durée. Elle pourrait être sanglante, grave dans ses conséquences ; mais elle passerait avec rapidité. Les rapports des gouvernements entre eux laissent beaucoup à désirer encore ; ils ne sont pas en harmonie avec les instincts des populations à beaucoup près, mais ils y seront bientôt, parce que la réaction des gouvernants sur les gouvernés, cette véritable souveraineté populaire, n'a jamais été aussi puissante. Après le maintien de la paix, en 1830, qui pourrait douter de la prépondérance des intérêts pacifiques dans la politique européenne ?

Ainsi, sauf la chance de quelques collisions qui pourraient être cruelles, mais qui au moins, par le bref intervalle de temps qu'elles occuperaient, ressembleraient à de simples accidents, on peut regarder la cause de la paix européenne comme définitivement gagnée. Et comme il faut être juste envers tout le monde, même envers les rois, disons hautement ici que ce triomphe de la paix au sein de l'Europe est dû à la sagesse du roi Louis-Philippe. C'est à lui qu'appartient l'initiative de cette belle et salutaire pensée qui devrait former la devise de la dynastie d'Orléans, et qui lui portera bonheur. Si d'autres princes, à commencer par le vieux monarque qui vient d'être ravi à la vénération de la Prusse, et des hommes d'état tels que M. de Metternich, lord Wellington et lord Grey, peuvent revendiquer une part dans l'honneur du succès, c'est encore au roi des Français qu'en revient le principal mérite ; car lorsque la tempête allait éclater, lorsque le Nord et le Midi déchaînés semblaient au moment de se précipiter l'un contre l'autre, il a eu à contenir et il a contenu le plus fougueux des autans.

C'est précisément pour consolider cette paix européenne qu'il faudra qu'on permette aux peuples européens de se répandre au dehors. L'Europe, je le redis encore, a le tempérament belliqueux, lutteur, joueur ; elle aime à brandir son épée, et malgré la prophétie d'Isaïe, malgré l'adoucissement des mœurs, elle n'est pas au moment de convertir les fers des lances en socs de charrue. Mais les glaives que dirigeaient autrefois l'amour du pillage, l'esprit d'oppression, des haines féroces ou de hideuses jalousies, se mettront et se mettent déjà au service des principes civilisateurs. Au nom du ciel, que la civilisation accepte

On s'y est pourtant refusé jusqu'à présent. L'esprit guerrier, à qui on demandait des concessions sans retour, n'a donc pas cédé sans une vive résistance le terrain qu'il a perdu depuis 1830. L'hostilité a été bannie du monde des faits, en ce sens que l'on n'a pas promené les bataillons à travers champs, ou que du moins on ne les a pas poussés les uns contre les autres ; mais elle est restée dans les sentiments. On ne s'est pas égorgé, mais on ne s'est pas moins cordialement détesté. Les congrès et les conférences ont pris la place des batailles, conquête immense du génie de la paix européenne ! Mais, pendant qu'on imposait silence au canon, que de fois les dagues ont été tirées sous la table ! On a juré la paix en se prodiguant les uns aux autres les démonstrations d'une antipathie tracassière, brutale même entre adversaires, d'une méfiance insultante, d'une envie sans dignité entre amis et alliés. Les crocs-en-jambes diplomatiques ont joué avec une activité égale à celle de la meilleure artillerie. On a vu se dérouler les incertitudes, les anxiétés, les inconséquences, les contradictions, les embarras, les bévues, parlons franchement, les manques de foi et les lâchetés qui sont inséparables des transitions mal ménagées ou non ménagées et des positions fausses.

Du moment où l'on reconnaissait qu'on ne devait plus guerroyer en Europe, il convenait de rechercher les bases d'un accord durable entre les puissances. Puisque la guerre européenne était proscrite, il était tout simple de détruire en Europe les causes de guerre en donnant satisfaction à tous les grands intérêts européens, par l'organisation d'une association des puissances qui permît à chacune de se développer suivant ses tendances naturelles. Au nom de la paix, de l'harmonie et du progrès, on s'est cramponné à une politique hargneuse, envieuse, immobile, qui ne profite à personne et qui nuit à tous, qui torture tous les peuples en les refoulant sur eux-mêmes. Ainsi que l'a dit un illustre orateur dans l'un de ses plus admirables discours, à l'occasion de la question du Levant, « on s'est attaché à une politique d'exclusion et on a chicané là où il fallait une politique de magnanimité et de compensation.[1] » On a nié la guerre, mais on n'a pas constitué la paix. On a voulu

1 Discours de M. de Lamartine du 11 janvier 1840.

Michel Chevalier

la bonne harmonie de l'Europe, on en a repoussé les moyens, quoiqu'ils fussent parfaitement honorables, éminemment propices aux tendances évidentes de l'humanité, au resserrement des liens de la grande famille humaine.

Nous-mêmes, Français, qui avons l'habitude de nous distinguer par les généreux penchants de notre politique extérieure, nous qui étions les plus intéressés à la paix et qui la voulions le plus fermement, tout comme les autres nous avons fait et nous faisons de l'exclusion et de la jalousie. Nous nous sommes mis en travers des tendances les plus naturelles de notre prochain. Celle des Russes est de prédominer à Constantinople, celle des Anglais à Suez et en Syrie. Nous nous opposons aux Anglais en Syrie et à Suez, aux Russes à Constantinople. Par là nous travaillons, sans nous en apercevoir, à ce qu'au lieu d'une prédominance dont les uns et les autres se seraient contentés, ils aient une domination, au lieu d'une tutelle et d'un protectorat, la maîtrise.

Mais, je le répète, ces fausses manœuvres sont de celles qui accompagnent nécessairement les transitions brusques. L'Europe ne pouvait faire en un clin d'œil le grand changement de front de la guerre à la paix européenne, de l'hostilité à l'association, sans qu'il y eût du désordre. L'intérêt bien entendu de toutes les puissances est qu'elles se rendent à la raison, et elles s'y rendront. Ce doit en être fait de la politique des temps passés, inspirée par le misérable instinct qui porte les hommes à abaisser leurs semblables à tout prix, même en faisant le sacrifice de leur élévation propre. Les hommes éminents qui gouvernent l'Europe sentent entre leurs poignets les rudes vibrations d'un ressort qui causerait des bouleversements si l'on continuait à le presser sur lui-même. Ils savent le parti qu'on en pourrait tirer si on lui permettait de se détendre au dehors sous l'influence d'une pensée civilisatrice. Par crainte des perturbations, ou plutôt par amour de leur patrie et de l'humanité, ils s'accorderont à ouvrir une carrière à ces générations dont l'ardeur fermente. Ils voudront que notre Europe, ce petit coin du globe où est concentrée une masse extraordinaire de lumières et d'énergie, où les hommes s'entassent, où les imaginations s'échauffent, où les ambitions individuelles et collectives, les peuples et les rois, les intérêts et les idées se froissent et se heurtent, verse à l'extérieur sa force vitale en excès, qu'ils ont tant de peine à retenir. Ils le voudront bientôt, on doit le croire. S'ils ne le voulaient pas, elle déborderait malgré eux. Tout fait une loi de cette nouvelle ère d'expansion ; tout est prêt pour elle ; le matériel de la campagne est déjà réuni. Et quel pourrait en être, je ne dis pas l'unique but, mais le but principal, le but le plus glorieux, le plus digne d'exciter l'ambition des grandes âmes et des âmes remuantes, le plus attrayant pour l'humeur envahissante et dominatrice de l'Europe, sinon l'extrémité orientale du continent d'Asie ? Un violent instinct ne pousse-t-il pas déjà l'Europe vers ces parages ? Qu'est-ce donc qu'y vont faire en ce moment les Anglais ?

Le grand pas que fit la civilisation occidentale vers le terme de son pèlerinage autour du globe, en portant ses avant-postes de l'autre côté de l'Atlantique dans le nouveau continent, avait été précédé, comme on l'a vu, de perfectionnements signalés dans l'art de la navigation. De même, de nos jours, elle a acquis des moyens puissants de viabilité qui réellement autorisent à répéter, en le prenant cette fois au sérieux et à la lettre, le mot de Colomb à Isabelle : *El mondo es poco*. Voici venir la vapeur, qui, de nos jours, paraît devoir exercer sur les destinées du genre humain une influence comparable à celle qu'eut, il y a trois ou quatre siècles, la découverte de l'imprimerie. Des véhicules inconnus de nos pères, inespérés de nous-mêmes au commencement du siècle, anéantissent maintenant l'espace sur les continents comme sur la mer. C'est la vapeur qui les anime. Avec les chemins de fer et les bateaux à vapeur, le fond de l'Asie cesse d'être une terre lointaine. Paris et Londres ne sont déjà plus qu'à deux mois de Canton. Dans quelques années, lorsque la navigation maritime à vapeur, encore au berceau, se sera développée, et que des centres complètement européens auront été constitués sous les auspices du pacha et du sultan qui essaient de s'européaniser, ou sous ceux de l'Angleterre et de la Russie ou de tierces puissances, à Smyrne, à Alexandrie, à Constantinople, quelle ne sera pas la proximité des deux civilisations orientale et occidentale

Ainsi, lors même que l'Europe resterait à sa place, ou au moins ne s'écarterait pas du bassin de la Méditerranée, le grand Orient cesserait d'être inaccessible pour elle, et elle serait en mesure de voisiner avec lui de gré ou de force. Mais cette Europe est aujourd'hui partout. En même temps qu'elle a amoindri les distances par la rapidité qu'elle met à les franchir, elle a supprimé

Michel Chevalier

sur la carte les trois quarts de l'intervalle qui la séparait de l'empire chinois. Elle s'est installée littéralement sur sa frontière. La plus grande partie de l'Asie est aujourd'hui la propriété de l'Europe. L'Angleterre compte dans l'Inde actuellement quatre-vingt-trois millions de sujets et cinquante millions de vassaux et de tributaires. Pendant que les Anglais cernent le céleste empire du côté du midi, les Russes le pressent du côté du nord. La Russie occupe tout le revers septentrional de l'ancien continent, jusqu'au Kamchatka, jusqu'à la mer de Bering. Elle gagne du terrain tant qu'elle peut de ce côté comme du nôtre. Elle capte ou assujettit chaque jour de nouvelles steppes et d'autres tribus. Ses possessions limitrophes de la Chine vont jusqu'à 50°, et même jusqu'à 45° de latitude. Par conséquent, c'est un pays tout-à-fait habitable, quoiqu'il s'appelle la Sibérie, et il est facile de s'y préparer des ressources, d'y réunir des approvisionnements et une armée.

Bien plus, l'armée y est déjà, et c'est une armée qui sait par tradition comment on conquiert le céleste empire. Cette région qui s'organise par les soins des czars est celle qui depuis l'origine des temps a été la demeure des peuples nomades et belliqueux, sortes de Centaures, qui ont joué un rôle de premier ordre dans l'histoire, en apparaissant d'espace en espace, tantôt à l'Orient, tantôt à l'Occident, comme des fléaux de Dieu, guidés par l'ange exterminateur des nationalités et des empires.[1]

---

1 L'un des plus grands mystères des annales du genre humain, c'est que ces populations sans lien d'attache avec le sol, sans religion ou vouées à un culte grossier et rudimentaire, sans littérature et sans science, sans monumens d'art, sans industrie, faibles de nombre, aient pu peser d'un aussi grand poids dans la balance de ses destinées. Dans cette masse pour ainsi dire fluide, les ébranlemens se communiquaient de proche en proche, tout comme une vague va sans se lasser d'une extrémité à l'autre de l'horizon. Il suffisait qu'un de ces flots tumultueux de nomades fût poussé par un autre flot pour que, les tribus se refoulant les unes les autres, une effroyable invasion vînt porter la dévastation et le carnage à des distances infinies chez les peuples civilisés. Les tempêtes survenues dans ces arides espaces de l'Asie moyenne, se propageant ainsi au loin, ont causé les grandes révolutions qui ont eu pour théâtre, à l'Occident notre Europe, à l'Orient la Chine et les pays qui l'avoisinent. C'est de là que sont sortis, comme des ouragans furieux, les Celtes et les Pélasges, les Germains et les Scythes, les Alains, les Avares et les Huns, tous les barbares enfin, les Slaves et les Turcs. De là sont pareillement venus les Mongols de Gengis-Khan, conquérans de la Chine ; avant les Mongols, les Hioung-Nou, qui comme eux s'étaient portés à l'Orient, et même, au dire de quelques écrivains, auraient pénétré dans l'Amérique du Nord, chassant devant eux des essaims de

La Russie accomplit dans cette contrée une œuvre dont les Européens, occupés de ses agrandissements en Europe, n'ont pas soigneusement mesuré la portée. Elle fait passer les tribus tartares de la vie nomade à la vie stationnaire. Mais tout en les initiant à la civilisation, elle développe en eux les instincts belliqueux plutôt qu'elle ne les amortit. Elle les enrégimente, elle les discipline, elle les accoutume à manier avec dextérité les machines de guerre qu'a perfectionnées la science occidentale. Ainsi, parmi cette race d'hommes dont le nom est *invasion*, tout comme celui du démon dépossédé par le Sauveur était *légion*, elle se crée un instrument qui pourrait devenir dangereux pour l'Europe, mais déjà redoutable pour l'empire chinois.

Par mer, la Chine est observée aussi, menacée, harcelée par les contrebandiers qui sont les avant-coureurs des conquérants ou au moins du commerce régulier. Les navires anglais partis de l'Inde assaillent son long littoral. Déjà les intrépides marins des États-Unis se joignent à eux ; que sera-ce lorsque les pionniers de l'Union américaine auront pullulé sur le versant occidental des Montagnes-Rocheuses dans le district de l'Orégon, ou lorsque les redoutables carabines de la vallée du Mississipi auront poussé jusqu'en Californie [1] la conquête vaillamment commencée au Texas ? Que sera-ce lorsque les nombreux archipels de la Polynésie, qui s'échelonnent des Philippines aux îles Sandwich, et de celles-ci à la Nouvelle-Hollande, fécondés par le bateau à vapeur maritime qui semble avoir été créé pour leur usage, auront été un peu plus complètement colonisés par les entreprenants essaims que la race anglaise expédie partout du fond de la Grande-Bretagne ou des rivages de l'Amérique du Nord ?

---

peaux-rouges ; après les Mongols, les Mandchoux, qui de même se sont emparés de l'empire chinois, où ils règnent aujourd'hui.

Un des plus curieux livres d'histoire qui aient été publiés depuis quelques années, est certainement celui de M. A. Jardot sur les *Révolutions des peuples de l'Asie moyenne*. L'auteur a clairement montré quelle avait été l'influence des migrations de ces peuples sur l'état social et politique de l'Europe, et même de l'Orient. Il a jeté ainsi beaucoup de lumières sur les causes premières des grandes transformations que l'Europe a subies.

1 On assure qu'il y a déjà en Californie des villages peuplés par des émigrans venus des États-Unis, par l'état de Missouri ou celui d'Arkansas. Des caravanes régulières font le commerce entre les provinces septentrionales du Mexique et l'Union américaine.

Michel Chevalier

On se préoccupe beaucoup de l'imminence d'une collision au cœur de l'Asie, entre l'Angleterre et la Russie. L'esprit de lutte qui anime les Européens pourra occasionner en effet un choc entre ces deux puissances ; mais je ne puis croire qu'elles s'acharnent l'une après l'autre et se déchirent longtemps. Je dirais qu'elles doivent s'entendre en Asie par la raison qui fait que les larrons s'entendent, si l'on pouvait qualifier de larcin les empiétements qui servent la cause de la civilisation. Il y a place au soleil de l'Asie pour toutes les deux ; il y a une suffisante proie pour les rassasier, pour les gorger l'une et l'autre. N'est-il pas probable, au contraire, qu'après s'être observées, mesurées un instant peut-être, au lieu de s'entredétruire, elles se réconcilieront en faisant payer à l'empereur du *Milieu* [1] les frais du traité de paix ?

On sait quelle sensation a excitée chez les cabinets de l'Europe occidentale la mission de M. de Brunow, tendant à raccommoder Londres avec Pétersbourg, en coupant en deux, comme la tunique d'un mort, le ci-devant empire ottoman, et en allouant aux deux nations rivales Alexandrie et Constantinople, qui en effet leur siéraient bien. Il y a beaucoup de motifs pour que cette transaction soit déplaisante à d'autres nations de l'Europe, et notamment à la France et à l'Autriche ; de ce jour-là en effet, si les autres puissances n'obtenaient pas chacune un lot semblable, quelque habile que soit le cabinet de Vienne, quelque vaillants soldats que soient les Français, il n'y aurait plus en Europe que deux puissances ; la France serait l'humble suivante et servante de la Grande-Bretagne ; l'Autriche serait la vassale des moscovites. Mais le pacte doit être tout-à-fait du goût des deux hautes parties contractantes, quoiqu'on assure que l'Angleterre n'en veuille pas entendre parler. Bien des conditions sont requises pour qu'il ne soit pas signé et mis à exécution l'un de ces jours, à la barbe des tiers, sans que ceux-ci s'agrandissent d'un pouce, dans le cas où, se renfermant dans la politique négative ou exclusive, ils ne proclameraient pas la politique de compensation et d'expansion, et ne la feraient pas prévaloir à leur profit comme à celui des deux géants de la terre ferme et de la mer. Premièrement, il faut que l'Autriche et la France se tiennent bien serrées l'une contre l'autre, nonobstant l'Italie, qui fait plus que les séparer, car elle les divise et doit continuer

---

1 *L'empire du Milieu* est l'un des noms de l'empire chinois.

à les diviser tant qu'elles s'en tiendront à la politique d'exclusion ; secondement, que la France soit bien unie, bien ordonnée et bien calme chez elle ; troisièmement, que la haute prudence de l'Autriche s'accommode d'une attitude guerrière et de la possibilité d'une conflagration européenne ; quatrièmement, que l'islamisme soit de force à jouer le rôle d'intermédiaire obligé entre l'Asie et l'Europe, en dépit de la présence des Anglais dans l'Inde, des Russes tout autour de la mer Noire, des uns et des autres sur le plateau central de l'Asie et autour de la Perse, et qu'il ne meure pas de sa belle mort, en tant qu'empire, entre les bras de ceux qui prétendent l'opposer à deux colosses semblables à la Russie et à l'Angleterre. Le programme de ces conditions, toutes pourtant *sine qua non*, n'est pas aisé à remplir. Il y a donc de fortes chances pour que la proposition Brunow, après avoir été repoussée une fois, deux fois, dix fois, soit reproduite une onzième et acceptée, puis réalisée, et pour que nous assistions ainsi à une seconde représentation d'une Pologne mise en pièces, au profit de la Russie et de l'Angleterre.

Or, ce qui peut se faire en Europe aux dépens de la Turquie peut s'effectuer aussi bien en Asie aux dépens de la Chine. Le céleste empire, malgré son innombrable population, paraît médiocrement capable de tenir tête à la tactique européenne, et il n'a pas près de lui des tiers en mesure de l'aider, comme en Europe l'Autriche et la France pourraient servir de puissants auxiliaires au sultan et à Méhémet-Ali. Les Tartares connaissent le chemin de Pékin : ils peuvent y revenir avec le drapeau russe, tout comme ils y sont allés avec l'étendard mongol ou mandchou ; il n'y aurait de changé que le nom de la horde et son degré de culture, ainsi que la perfection de ses moyens militaires. Les flottes anglaises prendraient Canton entre un lever et un coucher du soleil. Considérée comme objet d'une conquête ou d'une tutelle intéressée, la moitié de la Chine vaut infiniment mieux que tous les domaines des Osmanlis ensemble. Conçoit-on l'incomparable clientèle que formeraient pour les manufactures de Manchester, de Leeds, de Sheffield et de Birmingham, 360 millions d'hommes industrieux, amateurs du bien-être et même du luxe ? Je laisse au lecteur le soin de décider si ce n'est pas une de ces tentations auxquelles ne peuvent résister longtemps les Anglais, eux qui en sont maintenant à chercher des débouchés pour leurs fabriques jusqu'aux sources du Niger.

Michel Chevalier

La prévision du rapprochement étroit des deux civilisations ou de leur fusion en une seule inspire cependant un souci profond. On ne voit pas le rôle qu'y pourra directement jouer notre patrie. Dans ce drame qui s'accomplira plus ou moins tard, plus ou moins tôt, mais qui ne peut beaucoup être ajourné, car le prologue est commencé déjà ; dans cette épopée qui effacera par ses proportions tout ce qui s'est opéré sur la terre, et qui sera plus extraordinaire encore par l'échelle de ses bienfaisants résultats, il y aura une place sur le premier plan pour une puissance continentale ; mais sera-ce pour nous ? Il fut un temps où l'on pouvait croire que la Méditerranée allait devenir un lac français. L'homme qui lui avait donné ce nom, après avoir, de ses mains ou de celles de ses lieutenants, planté le drapeau tricolore à Malte, à Corfou, à Alexandrie, conçut l'audacieuse pensée d'attaquer l'empire ottoman au cœur ; et, il a eu raison de le dire, si on ne lui avait barré le chemin à Saint-Jean-d'Acre, il ne se fût arrêté qu'à Stamboul ; l'empire franc fondé par les croisés sur les rives du Bosphore eût été ressuscité. Maîtresse d'Alexandrie, de Constantinople et du golfe Persique, la France, du fond de l'Occident, aurait tenu les trois clés de l'Orient le plus reculé. Elle eût été non seulement la reine de la Méditerranée, mais celle du monde. Ces clés ont toutes échappé à nos mains. Notre étoile a pâli, et une autre s'est levée. Le prince puissant dont l'un des bras est au fond de la Baltique, l'autre aux portes de Constantinople, à qui appartiennent la mer Noire et la mer Caspienne, et dont l'étendard flotte d'une extrémité à l'autre de l'Asie septentrionale, celui-là semble être le seul homme continental qui ait à dire un mot décisif dans cette suprême question du grand Orient. Astre brillant de la France, pourquoi es-tu tombé du ciel, et comment pourrais-tu y remonter ?

ISBN : 978-1533634474